FÍSICA CUÁNTICA Y TEOLOGÍA

VERDAD E IMAGEN
234

Colección dirigida por
Ángel Cordovilla Pérez

JOHN POLKINGHORNE

FÍSICA CUÁNTICA Y TEOLOGÍA

UN DIÁLOGO POSIBLE

Edición a cargo de
ALBERTO DE MINGO KAMINOUCHI

EDICIONES SÍGUEME
SALAMANCA
2025

A Ruth

Tradujo Alberto de Mingo Kaminouchi
del original inglés *Quantum Physics and Theology: An Unexpected Kinship*

C/ García Tejado, 23-27 - E-37007 Salamanca / España
Tlf.: (+34) 923 218 203 - ediciones@sigueme.es
www.sigueme.es

ISBN: 978-84-301-2279-0
Depósito legal: S. 349-2025
Impreso en España / Unión Europea
Imprenta Kadmos, Salamanca

CONTENIDO

PRESENTACIÓN

ALBERTO DE MINGO KAMINOUCHI

John Polkinghorne fue un pensador singularmente dotado para el diálogo entre la ciencia y la teología. Durante veinticinco años participó en los primeros pasos del desarrollo de lo que hoy es la teoría más precisa que posee la física para describir los constituyentes más elementales de la materia: el Modelo estándar de la física de partículas, construido sobre el fundamento de la teoría cuántica. Después de ese cuarto de siglo, Polkinghorne dejó su cátedra en la Universidad de Cambridge y entró en el centro de estudios eclesiásticos. Cuando contaba cincuenta y dos años, fue ordenado sacerdote anglicano. Añadiré enseguida más detalles sobre su vida, pero antes voy a relatar brevemente algunos hitos de la historia de la ciencia que ayudarán a valorar su contribución.

LA BÚSQUEDA DE LO MÁS PEQUEÑO

¿De qué está hecho todo? Esta sencilla pregunta se encuentra en los orígenes de esa tradición de búsqueda de la verdad que es la Filosofía occidental. En el siglo VI a.C., Tales de Mileto respondió que el principio originario de todo es una única sustancia, el agua. Más tarde, Empédocles postuló que son cuatro los elementos que dan lugar a todo lo que existe: el agua, la tierra, el fuego y el aire. Anaximandro era aún de una tercera opinión: todas las cosas derivan del *ápeiron*, una sustancia indefinida que no se identifica con ninguno de los cuatro elementos. Estos filósofos reciben el nombre de «presocráticos», porque, al ser anteriores a Sócrates, no están condicionados por el giro idealista que la filosofía tomó a partir de Platón, discípulo de Sócrates. Justo antes de ese cambio de dirección, dos de los últimos presocráticos, Leucipo de Mileto y Demócrito de Abdera, plantearon su hipótesis: *Todo está hecho de átomos*. Según ellos, la materia no puede dividirse infinitamente en trozos cada vez más pequeños, como suponían otros filósofos, sino que estaba compuesta de entidades indivisibles a las que denominaron *átoma* (en singular, *átomon*). Esta palabra griega quiere decir «que no tiene partes». Se refiere a las partículas más elementales de la materia, que carecen de fragmentos más simples.

La reflexión sobre los átomos dejó de ocupar la atención de los filósofos, pero fue retomada, muchos siglos después, por los químicos. A lo largo del siglo XVIII –la época de la Ilustración– la química se separó definitivamente de su antecesora, la alquimia, al adoptar el método científico. Uno de los descubrimientos de ese siglo fue que ciertas sustancias podían ser descompuestas en otras más simples y que, cuando lo hacían, daban lugar siempre a las mismas proporciones de sus elementos constituyentes. Por ejemplo, el agua podía descomponerse en oxígeno e hidrógeno –que son dos gases– y en todos los casos producía dos volúmenes de hidrógeno por cada uno de oxígeno.

A inicios del siglo XIX, John Dalton propuso la teoría atómica, según la cual todas las sustancias están hechas de combinaciones de átomos. En el caso del agua, dos átomos de hidrógeno y uno de oxígeno producen una molécula de agua (H_2O). A mediados del siglo XIX ya se conocían unos sesenta tipos distintos de átomos (actualmente se conocen 118). En 1869, Dmitri Mendeléyev los dispuso por orden de peso en una tabla por él ideada y descubrió que los elementos que ocupaban una misma columna compartían ciertas propiedades químicas. Había inventado la tabla periódica de los elementos, que todavía hoy sigue siendo el fundamento sobre el que descansa la ciencia química.

Dejemos ahora a los químicos y veamos qué estaba sucediendo en la misma época en el área de la física. Conviene recordar que la física fue la primera ciencia natural en alcanzar la madurez. El motivo fue la publicación en 1687, por parte de Isaac Newton, de sus *Philosophiae naturalis principia mathematica* («Principios matemáticos de la Filosofía natural»). En esta obra, se formularon las tres leyes del movimiento y la ley de la gravedad, que constituyen la base de la mecánica clásica. La aplicación de estos principios permitía calcular con precisión tanto el movimiento de los astros como el de los objetos terrestres más cotidianos.

En el siglo XIX, un programa de investigación diferente hizo avanzar a la física en una nueva dirección: el estudio de los fenómenos eléctricos y magnéticos. Fue en 1865 cuando James Clerk Maxwell demostró que ambos fenómenos estaban entrelazados, al tiempo que formulaba sus relaciones con las famosas ecuaciones que llevan su nombre. Una de las consecuencias de la teoría de Maxwell condujo al descubrimiento de que la luz es una onda electromagnética. La luz que perciben nuestros ojos –la luz visible– es un tipo de onda electromagnética que vibra con una longitud de entre 380 y 750 nanómetros (un nanómetro es la millonésima parte de un milímetro). Las ondas electromagnéticas que vibran a mayor longitud de onda son invisibles a nuestros ojos, pero han llegado a ser parte imprescindible de nuestra tecnología. Son la radiación infrarroja (de nuestros mandos a distancia), las microondas (que calientan nuestra cena) y las ondas de radio (en las que se basa toda la comunicación inalámbrica). Existen también ondas electromagnéticas de menor longitud de onda que la luz visible: la radiación ultravioleta, los rayos X y los rayos gamma.

A comienzos del siglo XX, se empezaron a realizar experimentos sobre la interacción de los átomos con las ondas electromagnéticas. En 1901, Max Planck, estudiando la radiación de los cuerpos negros, encontró que estos no emitían luz de forma continua, como se esperaba, sino en paquetes discretos de energía, a los que llamó *quanta* (en singular *quantum*). En 1905, Albert Einstein postuló que en el fenómeno fotoeléctrico (en el que están basadas las placas solares), la luz se comporta como si estuviera compuesta de partículas.

Ondas y partículas son dos formas muy distintas que tiene la naturaleza de comportarse. Una onda –pensemos en el ejemplo paradigmático de las olas del mar– es un fenómeno que se extiende por el espacio y tiene carácter oscilatorio. Cuando tiramos una piedra en un estanque, el agua no se mueve horizontalmente, sólo oscila verticalmente, pero la onda avanza horizontalmente. Por el contrario, una partícula es concebida como un objeto denso y concentrado en torno a un punto, como una bola de billar o una bala. Las partículas están dotadas de masa y se mueven por el espacio siguiendo las leyes de Newton. Ondas y partículas son cosas muy distintas: una onda no puede ser una partícula, ni viceversa.

Se consideraba una verdad definitivamente adquirida por la ciencia del siglo XIX que la luz era una onda, pero en los fenómenos estudiados por Planck y Einstein se comportaba como una partícula. ¿Cómo podía ser esto? En los primeros años del siglo XX, las mentes más brillantes de la física se esforzaron por responder a esta pregunta, hasta que, en los años 1925-1926, tres genios –Werner Heisenberg, Erwin Schrödinger y Paul Dirac– formularon una teoría que podía dar cuenta de estos comportamientos aparentemente contradictorios: había nacido la teoría cuántica. Eso sí, al igual que había sucedido con las dos teorías de la relatividad, que Einstein formuló en los años 1905 y 1915, no pocas intuiciones humanas fundamentales, consideradas desde siempre como de sentido común, fueron hechas añicos. Según Einstein, el flujo del tiempo no es uniforme ni universal, sino que puede acelerarse o retardarse dependiendo de ciertas circunstancias. De acuerdo con la teoría cuántica, una partícula podía comportarse como si estuviera potencialmente en varios lugares a la vez, pero mostrarse en una única posición cuando se realizaba una medición.

Retrocedamos unos años atrás. A finales del siglo XIX, físicos y químicos empezaron a pensar que, después de todo, un átomo no era un «átomo» en su sentido etimológico, sino que estaba hecho de constituyentes más simples. A comienzos del siglo XX, se postulaba ya que cada átomo contenía partículas de carga positiva –protones– y de carga negativa –electrones–.

El año 1920, Ernest Rutherford propuso la existencia de una tercera partícula sin carga, el neutrón. Los átomos –contra lo que su nombre indica– tenían partes, están hechos de partículas más simples: protones y neutrones en su núcleo y electrones en su corteza. El comportamiento de estas partículas era fundamentalmente cuántico, por lo que su estudio avanzó en paralelo con el desarrollo de la física cuántica.

La bomba arrojada sobre Hiroshima en 1945 demostró a los Estados la importancia de la física nuclear. Después de la Segunda Guerra Mundial, se empezaron a construir para su investigación un nuevo tipo de aparatos experimentales: los aceleradores de partículas, máquinas capaces de acelerar núcleos atómicos a velocidades y energías altísimas para provocar que se estrellaran unos con otros. De esa colisión salían despedidas nuevas partículas antes desconocidas.

Durante la década de 1950, todo un nuevo zoo de docenas de nuevas partículas (muones, piones, kaones, tauones…) se añadió a los antes conocidos protones, neutrones y electrones. La situación causada por la proliferación de tantas partículas «elementales» se parecía mucho a la producida por el descubrimiento de decenas de tipos de átomos un siglo antes, en tiempos de Mendeléyev. ¿Eran estas partículas constituyentes últimos de la materia o estaban a su vez compuestas de cosas todavía más pequeñas? Esta era la gran pregunta que intentaban responder los físicos cuando John Polkinghorne, en 1952, acabó el primer ciclo de sus estudios universitarios y comenzó a trabajar en su doctorado.

Sobre el autor

John Charlton Polkinghorne nació el 16 de octubre de 1930 en el condado de Somerset, en el sudoeste de Inglaterra. Su padre era cartero y su madre, ama de casa, hija de un mozo de cuadra. Antes de nacer John, había fallecido su hermana; además, su otro hermano, piloto de la RAF, murió en la guerra. Tras sus estudios de secundaria, el joven Polkinghorne fue aceptado en la Universidad de Cambridge, donde conoció en un grupo estudiantil cristiano a su futura mujer, Ruth. Ambos se graduaron en matemáticas en 1952. Pasarán toda su vida juntos y llegarán a tener tres hijos. Después de su graduación, John comenzó a trabajar en su tesis doctoral bajo la supervisión de Abdus Salam, quien un cuarto de siglo después ganaría el premio Nobel por su teoría de la unificación electrodébil[1]. El grupo de investigación estaba dirigido nada menos que por el legendario Paul Dirac (premio Nobel en 1933). Tras su doctorado, gracias a una beca, Polkinghorne marchó al Instituto Tecnológico de California (Caltech), donde trabajó con Murray Gell-Mann, quien acuñaría en 1964 el concepto de «cuark» –nombre tomado de una novela de James Joyce–. Gell-Mann recibió el Nobel en 1969.

Durante veinticinco años, nuestro autor estuvo trabajando con los mejores investigadores en la formulación de lo que hoy llamamos el Modelo estándar de la física de partículas, y él mismo hizo contribuciones importantes. Según esta teoría, toda la materia conocida es una combinación de doce partículas llamadas «fermiones»[2], que interactúan entre sí mediante las cuatro fuerzas fundamentales de la naturaleza[3], mediadas por partículas lla-

1. James Maxwell había demostrado que las fuerzas magnética y eléctrica estaban entrelazadas, Abdus Salam, Sheldon Lee Glashow y Steven Weinberg demostraron que la fuerza electromagnética y la fuerza nuclear débil estaban también entrelazadas. Recibieron el Nobel conjuntamente en 1979.

2. Los doce tipos de fermiones son: seis tipos de cuark (*up, down, charm, strange, top, bottom*), tres tipos de neutrinos (electrónicos, muónicos y tauónicos), el electrón y dos partículas similares al electrón: el muon y el tauon.

3. Estas cuatro fuerzas son, en orden creciente de intensidad: la fuerza de la gravedad, la fuerza nuclear débil, la fuerza electromagnética y la fuerza nuclear fuerte.

madas «bosones de gauge»[4]. De acuerdo con este modelo, los protones, que antes se creían «elementales», están compuestos de tres cuarks: dos cuarks *up* de carga eléctrica +2/3 y un cuark *down* de carga -1/3. Los neutrones se componen de un cuark *up* y dos *down*. El Modelo estándar es la mejor aproximación que posee la ciencia, hoy por hoy, para describir los constituyentes últimos de la materia[5]. La clave de bóveda de este modelo lo ocupa el bosón de Higgs, responsable de generar la masa de las demás partículas. El 4 de julio de 2012, la Organización europea para la investigación nuclear (CERN por sus siglas en francés: *Conseil Européen pour la Recherche Nucléaire*) anunció que había encontrado el bosón de Higgs en los experimentos realizados en su acelerador de partículas LHC, una enorme máquina circular de nueve kilómetros de diámetro enterrada bajo la frontera entre Francia y Suiza[6].

En 1979, el mismo año en que a su colega y director de tesis Abdus Salam se le concedió el premio Nobel de Física, Polkinghorne dejó su cátedra en Cambridge e inició su formación teológica. Ordenado sacerdote anglicano en 1982, sirvió durante los cinco años siguientes en

4. El bosón de gauge que media la fuerza electromagnética es el *fotón*. Los *bosones W y Z* median la interacción nuclear débil y los *gluones* median la fuerza nuclear fuerte. No se conoce –si es que existe– el bosón que media la fuerza de gravedad. Esta puede explicarse mediante otro mecanismo, descrito por la relatividad general.

5. Lo que no explica esta teoría es la «materia oscura», un tipo de materia que no interactúa con la radiación electromagnética y cuya existencia sigue siendo una hipótesis. Se estima que podría constituir el 85 % de la materia del Universo.

6. LHC: *Large Hadron Collider*, Gran colisionador de hadrones. https://home.cern/science/accelerators/large-hadron-collider La construcción de esta enorme y complejísima máquina produjo de manera colateral muchas innovaciones, la más relevante de ellas es el protocolo http, en el que está basado la *world wide web*.

varias parroquias rurales, hasta que en 1987 regresó a la Universidad de Cambridge como deán de la capilla de Trinity Hall. Más tarde fue presidente de Queens' College hasta su jubilación en 1996. Durante su tiempo como sacerdote en Cambridge, así como después de la jubilación, Polkinghorne publicó numerosos libros sobre la relación entre la ciencia y la fe, destacándose como uno de los pensadores más originales y autorizados en este importante diálogo[7].

No cabe duda de la competencia de Polkinghorne en física cuántica. No sólo ha sido un gran investigador, sino que ha demostrado, tanto en conferencias como en textos escritos, saber transmitir sus conocimientos a un público amplio. Cuando Oxford University Press decidió publicar en su prestigiosa colección *Very Short Introductions* («Introducciones muy breves») un libro divulgativo sobre física cuántica, se lo encargó a él[8].

Pero ¿qué tal es Polkinghorne como teólogo? Él mismo se ha definido como teólogo aficionado. Es cierto que su erudición no puede compararse con la de teólogos que han trabajado desde su juventud en un campo especializado, pero quizás por esto mismo posee una mirada fresca y original sobre temas fundamentales de la fe cristiana. Hay en su tratamiento de las cuestiones teológicas una cierta trasparencia, como la mirada de un niño, que no se arredra de preguntarse de nuevo sobre cuestiones que llevan ocupando siglos a los teólogos. Esto, unido a su formación científica, hacen de él un pensador extraordinariamente intere-

7. Publicó treinta y cuatro libros: siete de física, entre obras académicas y divulgativas, y veintisiete sobre la relación entre fe y ciencia. Sus obras han sido traducidas a cerca de una veintena de lenguas.

8. J. Polkinghorne, *Quantum Theory: A Very Short Introduction*, OUP, Oxford 2002.

sante. El 9 de marzo de 2021, a la edad de 90 años, John Polkinghorne pasó a tener experiencia directa –al menos así lo creemos los cristianos– de la vida de eternidad.

Una curiosa coincidencia

En el año 325, en la ciudad dc Nicca (hoy Iznik, Turquía), tuvo lugar el primer concilio ecuménico de la Iglesia. Los trescientos obispos allí reunidos acordaron usar la fórmula «de la misma naturaleza que el Padre» para definir la divinidad de Jesucristo. En el año 2025 hemos celebrado el 17º centenario de aquella importante reunión. Pero además ha sido el centenario de la primera formulación de la teoría cuántica; de hecho, la Unesco lo ha declarado el «Año Internacional de la ciencia y la tecnología cuántica»[9]. En el libro que presentamos, Polkinghorne acierta a trazar interesantes paralelismos entre la exploración teórica que culminó en la teoría cuántica en los años 1925 y 1926, y la que llevó a las fórmulas cristológicas y trinitarias de los primeros concilios: Nicea, en el año 325; Constantinopla, en 381, y Calcedonia, en 451. En ambos casos, una serie de extrañas experiencias –en física cuántica, las interacciones entre la materia y la luz descritas por Planck y Einstein; en teología, las extraordinarias experiencias con Jesús de sus primeros discípulos descritas en el Nuevo Testamento– impulsaron una reflexión que, en el caso de la física, culminó con la formulación de la teoría cuántica, y en el caso de la teología, en las doctrinas cristológica y trinitaria de los primeros concilios.

En el libro que presentamos, Polkinghorne traza los paralelos que existen entre estas dos grandes empresas inte-

9. https://quantum2025.org

lectuales que son la física cuántica y la teología cristiana. En ambas, el asombro ante la extrañeza de lo real impulsa una búsqueda renovada de la verdad. Nuestro autor se entregó al estudio, primero de la física y después de la teología, animado por la convicción de que Dios, el Creador del cosmos, es el mismo que el que se reveló en Jesucristo y sigue sosteniendo la fe con su Espíritu. Esta convicción, apoyada en su experiencia como científico y creyente, le llevó a concluir que la ciencia y la teología están emparentadas, pues ambas son formas de búsqueda de la verdad a través de creencias motivadas. Esta es la tesis que atraviesa el presente libro, que espero disfruten leyendo tanto como yo he disfrutado traduciéndolo.

¿Acaso dos caminan juntos
sin haberse puesto de acuerdo?

(Amós 3, 3)

FÍSICA CUÁNTICA Y TEOLOGÍA

PREFACIO

Siempre me ha resultado difícil elegir título para un libro. En el caso de este breve volumen, mi primera ocurrencia fue «Teología cuántica». Sin embargo, rechacé esta posibilidad, porque al elegirlo hubiera dado la falsa impresión de que me sumo a la moda de añadir, con fines puramente publicitarios, el adjetivo «cuántico» a cosas que nada tienen que ver con él. Muchos invocan hoy las peculiaridades del pensamiento cuántico como mera excusa para hablar de todo tipo de paradojas en otras disciplinas. Es verdad que la teoría cuántica sirve como ilustración de que la realidad resulta ser a menudo mucho más extraña de lo que habríamos podido pensar y nos previene contra el error de tratar de hacer de las expectativas del sentido común la medida de todas las cosas. Pero la extrañeza que encontramos en los distintos niveles de la realidad tiene las características propias de esos niveles, y no es posible transferirlas fácilmente, por ejemplo, de la física a la teología.

Otro posible título hubiera sido «ciencia cristiana», pero Mary Baker Eddy se adelantó y me privó de esa opción[1]. Y es una pena, porque habría sido una rúbrica ade-

1. *Christian Science*, «ciencia cristiana», es el nombre de una denominación cristiana protestante fundada por Mary Baker Eddy a finales del siglo XIX en los Estados Unidos de América [N. del T.].

cuada bajo la cual presentar este libro, que es un ensayo construido en torno a una tesis central, a saber: frente a un prejuicio demasiado extendido, no es verdad que teología y ciencia[2] sean como el agua y el aceite; la primera, cuestión de mera opinión, y la segunda, construida sobre la base de sólidos hechos. La diferencia entre ambas no radica en que la teología sea una creencia basada en la sumisión a una autoridad incuestionable y la ciencia esté radicada en el firme fundamento de la razón. Bien al contrario, existen grados significativos de parentesco entre ambos modos, ciencia y teología, por conducir sus investigaciones hacia la búsqueda de la verdad sobre la naturaleza de la realidad; ello no quita para que también se den diferencias obvias, que surgen del distinto carácter de las dimensiones de la realidad de las que se ocupa cada una.

La tesis de que existe una conexión subyacente en la búsqueda de la verdad de la ciencia y de la teología tiene un gran atractivo para alguien como yo, que ha pasado media vida trabajando como físico teórico y, tras sentir que había hecho ya mi pequeña contribución a la ciencia, iniciar un estudio serio de la teología, aunque a nivel de aficionado, para ser ordenado sacerdote de la Confesión anglicana. Frente a lo que pudiera parecer, no considero que se haya dado una abrupta discontinuidad intelectual entre ambas mitades de mi vida adulta; al contrario, pienso más bien que las dos se han ocupado de la investigación de la verdad mediante la búsqueda de creencias bien motivadas y evaluadas con rigor.

2. Siguiendo el uso común de la lengua inglesa, el autor usa la palabra *science* –que traducimos como «ciencia»– en el sentido de las «ciencias naturales», como la física, la química o la biología. La tradición europea continental tiende a un uso más amplio de este término, que incluiría a disciplinas humanísticas como la filosofía o la teología [N. del T.].

Pensadores que podríamos catalogar como «científicos-teólogos» han insistido y tratado de mostrar que la ciencia y la teología son amigas y no antagonistas, y que comparten ciertos modos comunes en su búsqueda de la verdad. Estas personas suelen tener una formación intelectual similar a la mía, ya que iniciaron sus carreras profesionales como científicos, pero más tarde su búsqueda por comprender los condujo a la teología[3]. Este tema ha estado presente en varios de mis escritos, quizá de modo más explícito en mis Conferencias Terry[4], en las cuales intenté, entre otras cosas, identificar cinco puntos de comparación y similitud entre la historia de las investigaciones de los físicos por comprender la naturaleza de la luz y la de los teólogos por comprender la naturaleza de Jesucristo[5].

En este pequeño volumen quiero regresar a este tema con mayor detalle, exponiendo una serie de comparaciones entre la física cuántica moderna y la búsqueda multisecular de la teología cristiana por comprender la naturaleza de Dios. Pienso que la comparación entre la ciencia y la teología –y la defensa de la tesis de que ambas se comprenden mejor como formas de «realismo crítico»– tiene que ser conducida principalmente mediante el análisis de ejemplos específicos, más que apelando a argumentos generales. Por lo tanto, el método que seguiré partirá de la selección de un número de características del modo en

3. Para una presentación del trabajo de tres científicos-teólogos (Ian Barbour, Arthur Peacocke y yo mismo), puede consultarse J. Polkinghorne, *Scientists as Theologians,* London 1996.

4. Esta conferencias tienen lugar cada año en la Universidad de Yale. En ellas se aborda la religión a la luz de la ciencia y la filosofía modernas [N. del T.].

5. J. Polkinghorne, *Belief in God in an Age of Science*, New Haven 1998, cap. 2. El esquema de la argumentación utilizada en aquella ocasión se resume en el capítulo 1 del presente libro.

el que se conduce en cada caso la investigación racional y se evalúan sus resultados. Con este fin, propondré un ejemplo tomado de la física y, a continuación, otro análogo tomado de la teología. En cada uno de ellos trataré de describir de manera esquemática tanto el ejemplo tomado de la física como el proveniente de la teología, de modo que las estructuras de pensamiento que caracterizan a ambos queden claras, sin la sobrecarga de detalles innecesarios.

Si pusiéramos juntos todos los pasajes de este libro relacionados con la física, formarían una especie de relato esquemático de lo que, a grandes rasgos, ha sucedido en física teórica en los últimos cien años. Sin embargo, una persona para quien su interés fuera la historia de la física moderna echaría en falta una historia mucho más completa, como la que podría encontrarse en alguna de las excelentes introducciones a la física moderna de carácter divulgativo. Si los pasajes que tratan de teología se pusieran juntos, constituirían un relato esquemático de significativos aspectos del desarrollo del pensamiento cristiano a lo largo de los siglos, aunque un lector cuyo principal interés fuera este tema, reclamaría más detalles, como los que pueden hallarse en manuales de historia de la teología. Al limitarme en ambos casos a un sencillo esquema, mi propósito ha sido poner de relieve más claramente las homologías entre ambas estructuras racionales. Pájaros y seres humanos parecen muy distintos desde fuera, pero cuando se exponen y analizan sus estructuras óseas, se observa que alas y brazos están relacionados morfológicamente. De modo análogo, es posible exponer las similitudes básicas que existen entre la física y la teología como estrategias de búsqueda de la verdad, si desnudamos sus relatos a sus partes esenciales.

No estaría siendo sincero si no confesara que tengo un segundo propósito en mente al escribir este libro. Espero que su análisis pueda ayudar a algunos teólogos a reconocer más claramente la relación de parentesco que su disciplina tiene con la ciencia y, quizás, animarse a un serio diálogo con ella.

Asimismo, espero que lo que he escrito pueda ayudar a algunos de mis colegas científicos a tomarse más en serio lo que la teología tiene que decir. En la comunidad científica, el adjetivo «teológico» se usa a menudo con sentido peyorativo para referirse a una creencia vaga o mal formulada. Creo que este uso está muy lejos de la verdad. Me entristece que algunos de mis colegas científicos sigan ignorando la seriedad de la búsqueda de la verdad de los teólogos y el rigor intelectual que caracteriza el mejor discurso teológico. Cuando leo los escritos de algunos famosos divulgadores científicos del ateísmo, encuentro un alarmante nivel de ignorancia de los estudios bíblicos más serios y de la reflexión teológica, que no está muy lejos de la ignorancia científica de aquellos que publican artículos con títulos como «Einstein estaba equivocado». Si un científico rechaza la creencia religiosa, que lo haga con los ojos abiertos y después de haber considerado adecuadamente el serio esfuerzo racional que ha ejercitado la teología a lo largo de tantos siglos de investigación.

No pretendo en absoluto que un libro breve como este pueda, por sí solo, ser una presentación adecuada de las riquezas del pensamiento teológico, pero sí espero que pueda mostrar algo de la seriedad con la que los teólogos tratan de hablar del infinito misterio de Dios, y que esto conduzca a algunos científicos inquietos a no dejar a un lado demasiado rápidamente intuiciones que podrían merecer su consideración. Quizás el aperitivo que ofrecemos pueda animar a algunos a sentarse a una comida más sustanciosa.

Este es el primero de mis libros cuyas pruebas de imprenta no han sido revisadas por los ojos de águila de mi difunta esposa, Ruth. Quiero dedicarlo, con agradecimiento, a su memoria.

1
LA BÚSQUEDA DE LA VERDAD

A no pocos les resulta extraño, e incluso inauténtico, que alguien pueda ser a un tiempo físico y sacerdote. Les genera la misma sorpresa inquisidora que tendrían ante aquel que afirmara ser carnicero y vegetariano. Pero en casos como el mío, cuando conviven a la vez las vocaciones de científico y de cristiano, la combinación nos resulta natural y pacífica. La razón es, sencillamente, que tanto la ciencia como la teología se ocupan de la búsqueda de la verdad. Por tanto, no sólo no se oponen, sino que se complementan. Es cierto que cada una de ellas se centra en dimensiones distintas de la verdad, pero las dos comparten la común convicción de que hay una verdad que debe ser buscada. Y si bien en ambos tipos de investigación nunca la verdad podrá ser total y exhaustivamente comprendida, uno puede aproximarse a ella de manera intelectualmente satisfactoria; al menos hasta el punto de que sus conclusiones merezcan el adjetivo «verosímiles», aunque no alcancen el de «completas».

A pesar de ciertas críticas filosóficas, la búsqueda de conocimiento verdadero es aceptada ampliamente como fin por la comunidad científica. Los científicos creen que pueden adquirir una comprensión del mundo físico que sea fiable y persuasiva dentro de los límites de un campo determinado. Es improbable que la idea de que la materia del núcleo atómico está compuesta de cuarks y gluones sea la última palabra en física fundamental –puede que las especulaciones de la teoría de cuerdas prueben ser correctas, y que los cuarks, actualmente considerados como constituyentes básicos de la materia, resulten ser manifestaciones de cuerdas vibrando en un espacio-tiempo extendido multidimensional–, pero la teoría de cuarks es con certeza una descripción fiable del comportamiento de la materia a una escala determinada y nos provee de una descripción verosímil a este nivel.

Los teólogos tienen aspiraciones semejantes. Aunque la infinita realidad de Dios eludirá siempre ser confinada en los límites finitos de la razón humana, los teólogos piensan que la naturaleza divina ha sido revelada en modos accesibles al entendimiento humano, de manera que estas manifestaciones de la divinidad proveen una guía fiable para comprender cómo es la relación del Creador con sus criaturas y cuáles son sus intenciones con vistas a que la humanidad alcance la plenitud última. Para el cristiano, Dios se ha revelado de manera paradigmática en la historia de Israel y en la vida, muerte y resurrección de Jesucristo; tales son los acontecimientos fundantes que sirven de base a la Iglesia para continuar su reflexión y exploración, una actividad que la comunidad de fieles considera que se realiza bajo la guía del Espíritu Santo. La revelación no es un conjunto de proposiciones inmutables transmitidas por la ciega aceptación de los creyentes, sino el registro de eventos únicos y singularmente significativos de la manifestación divina, los cuales constituyen el fundamento indispensable en el que se basa la razonabilidad de las creencias religiosas.

La aspiración a la verdad, que es la que motiva tanto a la ciencia como a la teología, ha sido puesta en cuestión por una parte significativa del imaginario y el ambiente intelectual de nuestro tiempo. En el ámbito académico ejerce una gran influencia una corriente intelectual que se ha convenido en llamar «posmodernismo», la cual enfatiza lo inciertos que son los fundamentos del conocimiento humano; esta vulnerabilidad nace de la necesidad de interpretar desde una cierta perspectiva cada experiencia que tenemos, y ello incluso antes de que pueda convertirse en algo inteligible y significativo. Para empezar, cualquier conocimiento requiere el contexto cultural del lenguaje. De dicha necesidad, estos «posmodernos» deducen que no existe un discurso universal, sino sólo el babel de los dialectos locales. Afirman que el gran programa de la Ilustración, que alegaba tener acceso a ideas claras y de incuestionable validez universal, no ha sido sino la imposición de la perspectiva de pensadores varones, blancos y occidentales. La modernidad –alegan– presentó esa perspectiva particular como si fuera una ley no negociable para todos. Según estos «posmodernos», deshacerse de las cadenas de la modernidad puede liberar a los pensadores del siglo XXI para que puedan aceptar la pluralidad creativa de todas las ideas, haciendo posible una conversación en la que ninguna opinión es preferible a otra.

Ciertamente, necesitamos convenir que el discurso racional es una cuestión más paradójica de lo que los pensadores de la Ilustración podían suponer. Con todo, a los ojos de los científicos, la ciencia no se presenta como un libre mercado de ideas de igual valor. Intentaremos especificar sus características en breve, pero debemos comenzar considerando cómo *progresa* realmente la ciencia. Los «posmodernos» más extremos cuestionarían el uso de este verbo, ¿pero podemos de verdad poner en duda que la estructura helicoidal del ADN o el descubrimiento de que protones y neutrones estén compuestos de cuarks no representan claros avances en la comprensión, logros intelectuales que se han convertido en parte fundamental de nuestra comprensión del mundo? Estas ideas evolucionaron bajo el empuje irresistible de pistas que pueden encontrarse en la naturaleza, y no como nociones fantasiosas caprichosamente adoptadas por biólogos moleculares y físicos de partículas. Una vez que las famosas fotografías tomadas por Rosalind Franklin fueron examinadas y comprendidas, no cabía duda de que el ADN tenía forma de doble hélice. Una vez que los datos de la dispersión inelástica (un tipo de sonda especialmente penetrante) fueron recogidos y evaluados, no cabía duda de que los protones y neutrones que forman el núcleo atómico están constituidos por partículas aún más simples dotadas de carga eléctrica fraccionaria, los *cuarks*. Por supuesto, la interpretación es una parte necesaria del proceso –los datos brutos, como las marcas en las placas fotográficas, son mudos para decirnos las estructuras que reflejan–, pero la naturalidad de la interpretación y su continua capacidad de producir más y mejor comprensión en el curso de subsiguientes investigaciones bastaron para convencer a los científicos del carácter verosímil de estas teorías. Para quienes no están familiarizados con la investigación científica, resulta difícil apreciar lo complejo que es descubrir teorías que produzcan de forma persistente y fructífera una comprensión pulcramente coherente de extensas franjas de datos experimentales, y por lo tanto, lo persuasivas que son cuando lo logran. Para aquellos que tuvimos el privilegio de ser miembros de la comunidad de investigadores de física de partículas durante los veinticinco años de esfuerzo por comprender la materia nuclear –una actividad que condujo al Modelo estándar de la teoría de cuarks[1]–, la empresa tuvo precisamente este carácter convincente. La investigación fue conducida por los experimentos, que a menudo la llevaron en direcciones bastante distintas a las expectativas previas de los teóricos, pero nunca se cedió a la tentación de buscar soluciones según nuestro capricho. Descubrir el orden natural que está realmente ahí fue un reconocimiento adquirido con gran esfuerzo.

Una visión adecuada de cómo procede la ciencia se encuentra, en el fondo, a medio camino entre dos extremos. Por un lado, la creencia de la modernidad de tener un acceso directo y sin problemas a ideas físicas claras y ciertas, y por otro, el regodearse de la posmodernidad en la noción de una física a la carta. La interrelación entre teoría y experimento, conectados inextricablemente por la necesidad de que la teoría interprete el experimento y el experimento confirme la teoría, implica efectivamente que hay un grado inevitable de circularidad en el razonamiento científico. Esto significa que la naturaleza de la ciencia es más paradójica y racionalmente delicada que la de una deducción ineluctable a partir de hechos incuestionables. Se requiere cierto grado de osadía intelectual, lo que implica que la aspiración a teorizar sobre la *lógica* de los descubrimientos científicos es finalmente una ambición llamada al fracaso[2]. Pero el hecho histórico del avance cumulativo del conocimiento científico comporta que la circularidad implicada es de carácter positivo y no al contrario. Al afirmar este carácter de la ciencia y

1. Para unas memorias de este período, cf. J. Polkinghorne, *Rochester Roundabout*, London 1989.

2. K. Popper, *Logik der Forschung* (1934), versión cast.: *La lógica de la investigación científica*, Madrid 1962.

sus logros, aceptamos la crítica de la posmodernidad que nos lleva a reconocer que hay una porción de precariedad racional en la interrelación entre teoría y experimento, pero sin renunciar a la expectativa moderna de que los logros intelectuales son posibles, si queremos hacer justicia al éxito real de la ciencia. La posición filosófica que media entre la perspectiva que defiende la modernidad y la que postula la posmodernidad se denomina comúnmente como «realismo crítico». No está de más señalar que el adjetivo de esta expresión sugiere la necesidad de reconocer que hay algo implicado que es más borroso que el encuentro sin problemas con el objeto, mientras que el sustantivo significa que la comprensión de lo real es posible[3].

Creo que el filósofo de la ciencia que más ha ayudado a lograr este equilibrio ha sido Michael Polanyi. Este pensador conocía bien la ciencia desde dentro, pues fue un distinguido fisicoquímico antes de convertirse en filósofo. En el prefacio de su libro fundacional *Personal Knowledge* («Conocimiento personal»), escribe:

> La comprensión no es ni un acto arbitrario ni una experiencia pasiva, sino un acto responsable que reivindica validez universal. Tal conocimiento es de hecho *objetivo*, en el sentido de que establece contacto con una realidad oculta... El conocimiento personal requiere compromiso intelectual, y es, por lo tanto, inherentemente peligroso. Sólo afirmaciones de las que se pueden afirmar que son falsas transmiten conocimiento objetivo de este tipo... En este libro he intentado mostrar que en cada acto de conoci-

3. Para un tratamiento más extenso del «realismo crítico», cf. J. Polkinghorne, *One World*, London 1986, caps. 1-3; también *Reason and Reality*, London 1991, caps. 1 y 2; asimismo, *Beyond Science*, Cambridge 1996, cap. 2; y *Belief in God in an Age of Science*, New Haven 1998, caps. 2 y 5.

miento interviene una parte apasionada de la persona que conoce lo que es conocido, y este coeficiente de apasionamiento no es una imperfección sino un componente vital de su conocimiento[4].

Estas convicciones son desarrolladas por Polanyi con gran detalle en su libro, hasta el punto de que a otros científicos les resultan familiares y las reconocen como auténticas. Polanyi pone de relieve no sólo el compromiso personal, sino también, y de manera intuitiva, las habilidades que son necesarias para realizar actos de enjuiciamiento, que no pueden ser reducidas a un protocolo a seguir (por ejemplo, para evaluar si las teorías son adecuadas y si los experimentos son válidos como medida de lo que afirman medir, y no son espurios efectos secundarios). El método de la ciencia debe ser adquirido mediante un aprendizaje práctico dentro de una comunidad que busca la verdad, y no sólo mediante la lectura de manuales, porque –como repetía a menudo Polanyi– «sabemos más de lo que podemos decir». El papel que juega el juicio de quien ha hecho suyas estas habilidades asimila la investigación científica, hasta cierto grado, a otras actividades humanas que requieren también capacidades adquiridas mediante el ejercicio práctico, como montar en bicicleta o degustar vino. Aunque el contenido de la ciencia consista en una visión impersonal del mundo físico, su investigación es una actividad realizada por personas, y nunca podrá ser delegada a un ordenador bien programado. Los actos personales de descubrimiento son ofrecidos a la comunidad científica para su evaluación y discriminación; el objetivo de esta comunidad al emitir sus juicios es adquirir conocimiento fiable del mundo físico. El carácter real de

4. M. Polanyi, *Personal Knowledge*, Abington-on-Thames 1958, VII-VIII.

nuestro encuentro con el mundo es el factor que controla todo el proceso y salva a la ciencia de fragmentarse en una colección de opiniones subjetivas.

Quiero añadir una nota más de carácter teológico. Me mueve el deseo de hacer más inteligible la notable habilidad de los científicos para lograr un conocimiento fiable del Universo, a pesar del grado de precariedad epistémica inevitable de su empresa. Por experiencia sabemos que esto es posible, incluso para fenómenos que ocurren en ámbitos lejanos de la experiencia humana directa y cuya comprensión exige modos de pensamiento bastante diferentes de los que usamos en la vida cotidiana (teoría cuántica; cosmología). La teoría darwiniana de la evolución no puede por sí sola explicar la emergencia de esta habilidad. Por otro lado, el amplio éxito de la ciencia es un hecho demasiado significativo como para ser considerado un feliz accidente, del que simplemente debemos disfrutar, sin preguntarnos más a fondo por qué es así. Los logros del «realismo crítico» tampoco son el resultado de la lógica, algo que se podría esperar de todos los mundos posibles. Son, más bien, un aspecto experimentalmente confirmado de una particularidad del mundo que habitamos y del tipo de seres que somos los humanos. Lograr éxitos científicos es una habilidad específica poseída por la humanidad, ejercitada precisamente en el tipo de Universo que habitamos. Creo que una comprensión plena de esta capacidad humana para el descubrimiento científico apunta en última instancia a que este poder nuestro es un don del Creador del Universo, quien hizo al ser humano a su imagen (Génesis 1, 26-27). Mediante el ejercicio de este don, aquellos que trabajan en física fundamental son capaces de discernir un mundo de un profundo y hermoso orden, un Universo que contiene, a modo de semillas, signos de una Mente. Creo que, de hecho, es la Mente del Creador lo que percibimos de este modo. La ciencia es posible porque el Universo es creación de Dios[5].

Tampoco la teología es ajena a la circularidad. Agustín y Anselmo subrayaron que había que «creer para comprender», pero también que era necesario «comprender para creer». Ninguna búsqueda de la verdad puede escapar a este círculo hermenéutico, el cual entrelaza el encuentro con la realidad con un cierto punto de vista interpretativo, de manera que ambos se unen en una relación de mutua iluminación y corrección. La intuición religiosa no se deriva de la aceptación sin dudas de una aserción fideísta (como si la creencia fuera simplemente impuesta por una autoridad externa inmutable, que pudiera transmitirnos proposiciones indubitables), pero tampoco puede estar basada solamente sobre argumentos controlados por convenciones del pensamiento secular (como, por ejemplo, un historicismo puramente naturalista que asume que lo que normalmente sucede es lo que siempre sucede). La teología, tanto como la ciencia, debe apelar a la creencia motivada que nace de la experiencia interpretada. Por supuesto, en el caso de la teología, la clase de experiencias y la variedad de creencias motivadas que nacen de su interpretación son muy distintas de las de las ciencias naturales. Estas últimas cuentan con la posesión de un arma secreta, el experimento, la habilidad de poner a prueba las cosas, si es necesario, a través de investigaciones repetidas en circunstancias impersonales. Esto permite a la ciencia investigar exhaustivamente un régimen físico a una cierta escala (como la de un rango dado

5. J. Polkinghorne, *Belief in God*, cap. 1.

de energía) y elaborar un mapa detallado del mismo. En esta capacidad se basa el carácter cumulativo del conocimiento científico, un proceso lineal en el que el conocimiento va creciendo de manera progresiva. Incluso en ciencias como la Paleontología, en la que los eventos significativos del pasado no son repetibles, la evidencia se acumula de forma que permanece siempre accesible, y se puede recurrir a ella cada vez que se requieren nuevas evaluaciones.

Por el contrario, en todas las formas de experiencia subjetiva –sea el disfrute estético, sean los actos de decisión moral, sean las relaciones humanas amorosas, sea el encuentro transpersonal con la realidad sagrada de Dios– los eventos son únicos e irrepetibles, y la validez de su interpretación depende, en último extremo, de la aceptación confiada, no de un análisis probatorio. El tipo de comprensión que resulta es, por así decirlo, multidimensional y no lineal, y no implica necesariamente un incremento a través del tiempo, como si las intuiciones del presente fueran inevitablemente superiores a las del pasado en todos sus aspectos.

Podemos enunciar cuatro características distintivas de la experiencia religiosa que marcan la diferencia entre ciencia y teología.

En primer lugar está el hecho, ya apuntado, de que el desarrollo de la comprensión teológica es más complejo que el de la comprensión científica. La ciencia logra éxitos cumulativos, accesibles en el presente, sin la continua necesidad de referencias al pasado, de modo que el físico de hoy comprende el Universo mucho mejor que Isaac Newton, tan sólo por el hecho de vivir siglos después del gran genio. En religión, sin embargo, cada generación no sólo tiene que adquirir intuiciones propias de su tiempo, sino que necesita también estar en un continuo diálogo con las generaciones que la han precedido, so pena de que las intuiciones específicas que ellos adquirieron acaben por perderse. En particular, los que se adhieren a una tradición creyente tienen que permanecer en contacto con sus eventos fundacionales. Aunque los teólogos contemporáneos disfrutan de las oportunidades propias del tiempo presente, necesitan también corregir las distorsiones producidas por esta perspectiva mediante su apertura a intuiciones complementarias de generaciones precedentes. Todas las formas de encuentro con aspectos profundamente personales de la realidad tienen que tomarse en serio esta dimensión histórica, pues el carácter de su comprensión no es simplemente cumulativo: su tarea debe realizarse en una relación viva con el pasado. Del mismo modo que no se puede asumir que la música del siglo XXI sea superior a la de siglos pasados, tampoco hay una necesaria superioridad de la teología actual sobre las del siglo IV o XVI, en todos los aspectos. Del mismo modo que el diálogo filosófico continúa hoy su conversación con Platón y Aristóteles, las grandes figuras del pasado teológico, como Agustín, Tomás de Aquino, Calvino y Lutero, siguen siendo participantes necesarios en la conversación contemporánea, en un modo en que Galileo, Newton y Maxwell no lo son en el discurso actual de la ciencia. Esto es así porque las intuiciones principales de esos grandes pioneros científicos han sido incorporadas al conocimiento actual. En el caso de la teología, sin embargo, la comunidad competente dentro de la cual las intuiciones son recibidas y evaluadas no son sólo los teólogos, sino toda la Iglesia extendida a través de los siglos. De ahí que el papel de la Tradición no sea el de una camisa de fuerza impuesta *a priori* sobre el pensamiento contemporáneo, sino el de un recurso indispensable para poder acceder a un depósito de comprensión lograda que sigue siendo significativo hoy.

En segundo lugar, al colocar el mundo físico bajo escrutinio, sea mediante experimentos o sea, en el caso de las ciencias históricas –tales como la cosmología o la biología evolutiva– mediante observación, la iniciativa para establecer este encuentro está del lado de los científicos. En el caso de la realidad divina, sin embargo, los creyentes afirman que es Dios quien toma la iniciativa. Todas las tradiciones religiosas proclaman que esto ha sido así en las ocasiones en las que ha habido una revelación. Uno de los roles principales que desempeñan las escrituras sagradas en la vida de las tradiciones es el de ser el registro de estos acontecimientos teológicamente fundantes[6]. Ya hemos mencionado que, para el cristiano, las fuentes básicas se encuentran en la revelación dada en la historia de Israel y en la vida, muerte y resurrección de Jesucristo, un punto al que retornaremos repetidamente.

En tercer lugar, y a partir de este segundo punto, podemos ver la tercera diferencia entre teología y ciencia. Las motivaciones para la creencia científica nacen principalmente de sucesos que, en principio, son repetibles y es posible acceder a ellos públicamente. Como consecuencia, la ciencia logra suscitar una aceptación virtualmente universal. A pesar de que en su forma moderna la ciencia tuvo su inicio en un tiempo y lugar determinados –en la Europa del siglo XVII–, hoy se ha extendido a todo el mundo. Una vez que se han clarificado las cosas en un área de exploración científica, las intuiciones logradas reclaman respeto

6. Sobre la Sagrada Escritura, cf. J. Polkinghorne, *Reason and Reality*, cap. 5; *Science and the Trinity*, London 2004, cap. 2.

y aceptación universales. De ahí que haya unanimidad para aceptar que el ADN tiene una estructura helicoidal y que la materia del núcleo atómico está compuesta de cuarks. La escena religiosa, por el contrario, está significativamente más fragmentada. Las grandes tradiciones creyentes, como el judaísmo, el cristianismo, el islam, el hinduismo y el budismo, manifiestan una considerable estabilidad de puertas adentro de sus comunidades. Todas afirman que alimentan el encuentro espiritual del ser humano con la realidad sagrada, pero se da entre ellas un choque cognitivo entre sus creencias. Estos desacuerdos no se limitan a las convicciones definitorias de las religiones (como la creencia cristiana en que Jesús es Hijo de Dios, o la creencia islámica en la absoluta autoridad del Corán), sino que se extienden también a comprensiones metafísicas más generales (¿El tiempo es una peregrinación lineal o la rueda del *samsara* de cuyas revoluciones debemos escapar? ¿La naturaleza humana se da en cada individuo de manera irrepetible o se recicla a través de la reencarnación?). Estas diferencias no pueden resolverse afirmando que sólo se trata de modos culturalmente diversos de expresar una misma verdad subyacente. En este libro, cuyo propósito es explorar ciertos aspectos de las creencias y prácticas de la teología cristiana, me limito a reconocer la perplejidad que provocan y el desafío que suponen estos desacuerdos entre las religiones. Su investigación es un punto cada vez más importante y activo del programa teológico, pero en el que no podemos profundizar aquí[7].

7. Sobre algunas de estas cuestiones interreligiosas, cf. la tetralogía de K. Ward, publicada en Oxford, *Religion and Revelation* (1994), *Religion and Creation* (1996), *Religion an Human Nature* (1998) y *Religion and Community* (2000); también J. Polkinghorne, *La fe de un físico. Reflexiones teológicas de un pensador ascendente*, Estella 2007, cap. 10.

En cuarto lugar, la última diferencia que reseñamos entre la teología y la ciencia brota de las consecuencias que implica abrazar la fe. Estoy totalmente convencido de la existencia de cuarks y gluones, pero esta creencia, a pesar de lo iluminadora que es para la física de partículas, no afecta a mi vida de un modo significativo más allá de la búsqueda de satisfacción intelectual en mi mesa de estudio o en el laboratorio. Por el contrario, mi creencia de que Jesucristo es el Hijo de Dios encarnado tiene consecuencias para todos los aspectos de mi vida, tanto en lo que se refiere a mi comportamiento, como en mi forma de entender la existencia. La creencia religiosa es mucho más exigente que la creencia científica; más ardua y «peligrosa», se podría decir. Esto significa que los factores existenciales juegan un papel significativo en la manera en que las personas se acercan a la posibilidad de creer en Dios. Entre las motivaciones que determinan la aceptación o no de una propuesta religiosa se encuentra justamente la calidad de las comunidades creyentes, en la medida en la que promueven o no un modo verdaderamente humano de vivir. Nadie puede suponer que la apuesta por creer esté exenta de ambigüedad y pueda realizarse sin abrazar ciertas contradicciones. Las distintas formas de fe han sido siempre fuentes de conflicto y opresión (como, por otra parte, han sido también las creencias ateas, como las que sustentaron los regímenes de Hitler y de Stalin), pero las religiones han sido también fuentes de florecimiento humano y han promovido la atención compasiva a los necesitados. En el caso del cristianismo, la terrible historia de las cruzadas o de las inquisiciones contrasta con el papel que ha jugado en la promoción de la educación y el cuidado de la salud, en la inspiración y el apoyo de las artes y la música, así como en el trabajo de muchos cristianos por la paz y la justicia. Ha habido ciertamente casos notorios de personas religiosas cuyas vidas han negado los valores del evangelio, pero también ha habido muchos cristianos cuyas vidas han sido ejemplos de una integridad y un amor extraordinarios. Hemos de reconocer y agradecer la existencia de Francisco de Asís y de avergonzarnos justamente por la de Torquemada.

Estos cuatro puntos en los que se distinguen la ciencia y la teología implican que la demostración de que esta última es una forma de «realismo crítico» es más sutil que en el caso de la primera. El carácter diacrónico de la teología, con sus intuiciones repartidas a lo largo de siglos, la priva de un incremento progresivo de conocimiento, como el que se da en la ciencia. No obstante, el desarrollo y la revisión se dan también en la teología, tal como se mostrará en muchos de los ejemplos presentados en los siguientes capítulos. Los teólogos tratan de someter su pensamiento sobre la naturaleza divina a los datos de la autorrevelación divina, mientras reconocen el inefable elemento de misterio presente en todo encuentro humano con el Infinito. La teología puede afirmar, en justicia, que es una forma de búsqueda de la verdad bajo la rúbrica del «realismo crítico». Es más, tiene derecho a apelar a un argumento teológico en apoyo de esta afirmación filosófica. Así, puesto que el Dios de la verdad no puede engañar, los creyentes podemos confiar en que nuestras intuiciones sobre el carácter de Dios, cuando se apoyan en lo manifestado en las obras de la Creación y en los acontecimientos de la Revelación, no pueden conducirnos a error.

Existe una relación de parentesco entre los modos en los cuales la teología y la ciencia buscan la verdad dentro de sus propias áreas de experiencia interpretada. «Realismo crítico» es un concepto aplicable a ambas, y no porque haya algún tipo de vinculación entre sus métodos –las diferencias en el material que tratan excluyen tal conexión–, sino porque la idea de «realismo crítico» es lo suficientemente profunda como para abarcar ambas formas de búsqueda humana de la verdad.

Este es un tema que he tratado en mis escritos. Desarrollarlo requiere el análisis de ejemplos concretos antes que apelar a grandes principios generales. En las Conferencias Terry, identifiqué algunas similitudes entre las investigaciones de los físicos por comprender la naturaleza de la luz y las de los teólogos por comprender la naturaleza de Jesucristo[8]. Al hacer esta comparación, presenté los siguientes cinco puntos:

1. *Momentos de obligada revisión radical.* La crisis que condujo finalmente a la teoría cuántica se debió a la perplejidad causada por las sorprendentes observaciones acerca de la naturaleza de la luz. Durante el siglo XIX, se había demostrado que la luz poseía las propiedades de una onda. Sin embargo, a comienzos del siglo XX, se descubrieron fenómenos que sólo podían explicarse si se aceptaban las ideas revolucionarias de Max Planck y Albert Einstein, que describían el comportamiento de la luz en términos de partículas, como si estuviera compuesta de paquetes distintos de energía. Pero la noción de una dualidad onda/partícula no parecía tener ningún sentido. Después de todo, una onda –como las olas del mar– es algo oscilante y extendido, mientras que una partícula está concentrada en un volumen pequeño, como una bola de billar o una bala. ¿De qué forma podía algo mostrar

8. J. Polkinghorne, *Belief in God in an Age of Science*, New Haven 1998, cap. 2.

propiedades tan contradictorias? No obstante, la dualidad onda/partícula tenía el respaldo de los hechos experimentales, por lo que se imponía un replanteamiento radical en la forma de entender estos fenómenos. Después de mucho esfuerzo intelectual, se alumbró la moderna teoría cuántica[9].

Los autores del Nuevo Testamento sabían que, al hablar de Jesús, se referían a alguien que había vivido una existencia humana en Palestina y cuya memoria era conservada por la comunidad. Pero también eran conscientes de que cuando se referían a sus experiencias con Cristo resucitado, se veían obligados a utilizar un lenguaje que sonaba demasiado divino. Por ejemplo, en el Nuevo Testamento, a Jesús se le aplica repetidamente el título de «Señor», a pesar de que para los judíos este título estaba reservado al Dios uno y verdadero de Israel, pues esta era la palabra con la que sustituían el nombre divino que no es posible pronunciar cuando se proclama la Sagrada Escritura. Pablo puede incluso tomar versos de la Biblia hebrea que claramente se refieren al Dios de Israel y aplicárselos a Jesús (por poner sólo un par de ejemplos, compárese Filipenses 2, 1-11 con Isaías 45, 23, o 1 Corintios 8, 6 con Deuteronomio 6, 4). ¿Qué sentido podía tener esto? Después de todo, Jesús había sido crucificado y los judíos veían esta forma de ejecución como un signo de rechazo divino, pues en Deuteronomio 21, 23 se declara maldito a aquel que cuelgue de un madero. Experiencia y comprensión parecían estar aquí tan en desacuerdo como en el caso de los físicos que reflexionaban sobre la naturaleza dual de la luz.

9. Para una introducción a la teoría cuántica, cf. J. Polkinghorne, *Quantum Theory: A Very Short Introduction,* Oxford 2002.

2. *Un período de confusión.* Desde 1900 hasta 1925, los físicos tuvieron que vivir con la paradoja de la onda/partícula sin resolver. Varias técnicas para sacar lo mejor de una situación tan desconcertante fueron inventadas por Niels Bohr y otros, pero estos recursos no eran más que parches añadidos al edificio en ruinas de la física newtoniana, y no el nuevo gran edificio de la física cuántica. Era todo un gran lío intelectual, y muchos físicos preferían mirar hacia otro lado y proseguir con la tarea menos problemática de abordar cuestiones de detalle que estuviesen libres de tales dificultades fundamentales. Resolver problemas dentro de la normalidad de la ciencia es a menudo una tarea más cómoda que luchar con las perplejidades de las revoluciones científicas.

En el Nuevo Testamento, la tensión entre el lenguaje humano y divino aplicado a Jesús está simplemente ahí, sin que haya un intento teológico sistemático para resolver la cuestión. Parece que aquellas primeras generaciones de cristianos estaban tan abrumadas por la novedad de lo que confesaban que Dios había hecho en Cristo, que su autenticidad y poder eran por sí mismos suficientes, sin que se sintieran obligados a intentar formular un sistema teórico comprehensivo. Pero la postura adoptada por aquellos escritores del Nuevo Testamento era claramente inestable en el plano intelectual y el problema no podía ignorarse indefinidamente.

3. *Nueva síntesis y comprensión.* En el caso de la física, una nueva intuición llegó casi de repente a través de los descubrimientos teóricos realizados por Werner Heisenberg y Erwin Schrödinger en los asombrosos años 1925 y 1926. Una nueva teoría internamente consistente había nacido, que exigía la adopción de nuevas y sorprenden-

tes formas de pensamiento. Paul Dirac enfatizó que la base formal de la teoría cuántica se encontraba en lo que él denominó *el principio de superposición.* Este principio afirma que hay estados cuánticos que se forman mediante la adición de posibilidades físicas según un procedimiento matemáticamente bien definido. Esta superposición de probabilidades cuánticas era algo que la física newtoniana y el sentido común consideraban absolutamente imposible. Según la física cuántica, un electrón puede encontrarse en un estado que es una mezcla de estar «aquí» y de estar «allí» al mismo tiempo, una combinación imposible para el sentido común, pero que refleja la inimaginabilidad del mundo cuántico, y que conduce a una interpretación probabilística. Si, por ejemplo, las probabilidades de estar «aquí» y de estar «allí» son respectivamente del 50 %, ello implica que, realizado efectivamente un cierto número de mediciones de la posición, la mitad de las veces se encontrará «aquí» y la otra mitad «allí», pero sin que podamos saber en cada caso particular dónde se encontrará. Este principio contraintuitivo tiene que ser simplemente aceptado como un artículo de fe cuántico. Richard Feynman comenzó una conferencia sobre mecánica cuántica hablando sobre el experimento de la doble rendija (un ejemplo especialmente sorprendente del carácter ambidiestro del mundo cuántico) con las siguientes palabras:

> Puesto que el comportamiento atómico es tan diferente de la experiencia ordinaria, es muy difícil acostumbrarse a él, y se presenta como peculiar y misterioso para todos… estudiaremos inmediatamente el elemento básico de este comportamiento misterioso en su forma más extraña [el experimento de la doble rendija]. Escogemos examinar un fenómeno que es imposible, *absolutamente* imposible, de

> explicar de modo clásico, y que contiene el corazón de la mecánica cuántica. En realidad, lo que contiene es su *único* misterio. No podemos resolver este misterio «explicando» cómo funciona. Sólo os *diremos* cómo funciona[10].

La búsqueda por comprender de manera más profunda fenómenos fundamentales registrados en el Nuevo Testamento condujo a la Iglesia a la formulación trinitaria de la naturaleza de Dios (concilios de Nicea, año 325, y Constantinopla, año 381) y a la comprensión encarnacional de las dos naturalezas, humana y divina, presentes en la persona de Cristo (Calcedonia, año 451). Estas formulaciones fueron importantes, pero no se puede afirmar que la teología, al enfrentarse con el profundo problema de comprender lo divino, haya tenido tanto éxito como la ciencia en su comprensión del mundo físico. Este último está a nuestra disposición para ser interrogado y puesto a prueba mediante experimentos; sin embargo, el encuentro con Dios implica asombro, adoración y obediencia. La teología apofática nos recuerda que debemos respetar tanto la total alteridad de Dios como los límites humanos a la hora de hablar adecuadamente de su Misterio. Las posibilidades de explicación teológica son limitadas. Pienso que los Padres de la Iglesia, que en los concilios formularon intuiciones cristianas fundamentales, se habrían contentado con hacerse eco de las palabras de Feynman: «Sólo os diremos cómo funciona».

4. *Continua lucha con problemas no resueltos*. Incluso en ciencia, el éxito total es elusivo. La teoría cuántica ha sido brillantemente efectiva a la hora de facilitar los

10. R. Feynman, *The Feynman Lectures on Physics* III, Boston 1965, 7; versión cast.: *Lecciones de física de Feynman* I-II, Ciudad de México 2000.

cálculos que han demostrado predecir con extrema precisión los resultados experimentales. Sin embargo, algunas cuestiones interpretativas siguen siendo materia de incertidumbre y discusión. La más importante de ellas es la del así llamado «problema de la medida». ¿Cómo es que, en una ocasión dada, se obtiene un resultado *particular* en una medida, de modo que un electrón se encuentre en esa concreta ocasión «aquí» y no «allí»? Es embarazoso para un físico tener que admitir que no existe actualmente una respuesta completamente satisfactoria o universalmente aceptada a esta pregunta totalmente razonable. La física cuántica ha tenido que contentarse con vivir durante un siglo con el hecho incómodo de que no todos sus problemas han encontrado una solución. Hay cuestiones que aún no entendemos del todo.

También la teología ha tenido que contentarse con adquirir sólo un grado parcial de comprensión. La teología trinitaria, por ejemplo, en su intento de distinguir las Personas divinas en términos de generación y procesión, da a veces la impresión de ponerle palabras a lo inefable. La definición de Calcedonia, según la cual en Cristo hay dos naturalezas «sin confusión, sin cambio, sin división, sin separación», es más una declaración de criterios que debe satisfacer todo discurso cristológico que se adecúe a la experiencia preservada en la Escritura y Tradición de la Iglesia, que la articulación de una teoría cristológica plenamente desarrollada. Calcedonia delinea los límites dentro de los cuales el pensamiento cristiano ortodoxo debe permanecer, pero no dicta la forma precisa que este pensamiento debe tomar. De hecho, la reflexión cristológica ha continuado, tanto dentro como fuera de los límites fijados por Calcedonia, a lo largo de los siglos desde aquel año de 451.

5. *Implicaciones más profundas*. Un argumento convincente a favor del «realismo crítico» se da cuando una teoría es capaz de explicar fenómenos que no fueron considerados inicialmente, o que incluso eran desconocidos en el momento en que las ideas originales fueron formuladas. Esa validez duradera confirma la sensación de que uno efectivamente «ha dado con algo», y que ha acertado a la hora de ofrecer un relato verosímil. En el caso de la teoría cuántica, la serie de éxitos de este tipo incluyen la explicación de la estabilidad de los átomos (que permanecen sin ser alterados por las numerosas colisiones de baja energía a los cuales están sujetos), y los muy detallados cálculos de sus propiedades espectrales, cuya coincidencia con las mediciones experimentales es impresionantemente precisa. Otras novedosas y sorprendentes predicciones han sido verificadas experimentalmente. Una de las más extraordinarias es el así llamado efecto EPR, un estar juntos-en-separación contraintuitivo que implica que dos entidades cuánticas que han interactuado permanecen entrelazadas entre sí, por muy separadas que estén después, pues siguen siendo un único sistema, de modo que una acción en una partícula repercute instantáneamente en su distante pareja.

La doctrina de la encarnación ha proporcionado a la teología un grado análogo de nuevas intuiciones. Por ejemplo, el teólogo Jürgen Moltmann ha usado con gran éxito el concepto de participación divina en el sufrimiento de la criatura a través de la cruz de Cristo. Subraya que el Dios cristiano es un Dios crucificado[11]. No es un mero es-

11. J. Moltmann, *Der gekreuzigte Gott. Das Kreuz Christi als Grund und Kritik christlicher Theologie* (1972); versión cast.: *El Dios crucificado. La cruz de Cristo como base y crítica de la teología cristiana*, Salamanca 1977, nueva edición en 2022.

pectador compasivo del sufrimiento de sus criaturas, sino que comparte los dolores de parto de su Creación. El concepto de un Dios sufriente contribuye a sostener a la teología en la lucha con su problema más difícil: el mal y el sufrimiento de nuestro mundo.

El propósito de este libro es proseguir con esta búsqueda de analogías entre la investigación científica del mundo físico y la exploración teológica de la naturaleza de Dios. Lo hacemos con la esperanza de que anime a aquellos que tienen una mentalidad científica a tomarse más en serio el discurso teológico, y de que pueda ofrecer a los teólogos un ejemplo de cómo presentar la investigación teológica de un modo connatural a aquellos de mentalidad científica, a saber, moviéndose de la experiencia a la comprensión, un modo de discurrir al que denomino «pensamiento ascendente» (*bottom-up thinking*)[12]. El procedimiento que seguiré es establecer una serie de paralelos entre aspectos de la investigación y el desarrollo conceptual que encontramos respectivamente en física cuántica y en teología cristiana.

12. Para una aproximación, en este sentido, a la fe del Concilio de Nicea, cf. J. Polkinghorne, *La fe de un físico*.

2
EPISTEMOLOGÍA COMPARADA

Una de las lecciones que la ciencia nos enseña sobre la realidad física es lo sorprendente que puede llegar a ser. De hecho, una de las características más estimulantes de la actividad investigadora es que lo inesperado puede estar esperándonos a la vuelta de la siguiente esquina experimental. Las solas palabras «teoría cuántica» se convierten en un conjuro. Así, para los científicos que han reflexionado sobre su actividad, la pregunta «¿es esto razonable?» carece de sentido, como si supieran de antemano qué forma tiene que tomar la racionalidad –ya hemos constatado cuán «irrazonable» resultó ser, en términos clásicos newtonianos, la naturaleza de la luz–.

Para el científico, por el contrario, la pregunta sobre la verdad es más bien «¿qué te hace pensar que podría ser así?», de modo que la investigación siempre permanece abierta a la posibilidad de la sorpresa; sin olvidar, a renglón seguido, que toda afirmación debe estar respaldada por experiencias que la sustenten. El científico ha de tener claro que no puede confiar al cien por cien en supuestas certezas *a priori*, sino que ha de contrastar cada una de sus expectativas previas hasta que encuentre las pruebas que las respaldan. Si uno examina lo que Thomas Young descubrió sobre difracción y lo que Albert Einstein dijo sobre el efecto fotoeléctrico, se ve forzado a tomarse en serio la aparente paradoja de la dualidad onda/partícula. De modo análogo, los escritores del Nuevo Testamento se vieron forzados a afirmar el hecho asombroso de que, en su experiencia de Jesucristo, hallaban en él cualidades tanto divinas como humanas.

Ni en física ni en teología puede uno contentarse con aceptar sin más el hecho bruto del carácter paradójico de la realidad. Se requiere un ulterior esfuerzo para colocar el nuevo conocimiento en un contexto de comprensión más profundo. En el caso de la luz, los físicos sólo comenzaron a sentirse cómodos con la dualidad onda/partícula cuando una intuición de Paul Dirac les condujo al descubrimiento de la teoría cuántica de campos. Puesto que un campo se extiende por el espacio y el tiempo, puede tener las características propias de una onda; cuando este campo está cuantizado, su energía se da en paquetes separados, presentando el comportamiento propio de una partícula. La amenaza de la paradoja se disipa al examinar un ejemplo específico que posee consistentemente este inesperado carácter dual. De modo similar, el pensamiento cristiano no podía contentarse simplemente con la afirmación del señorío de Cristo, sino que tenía que explorar cómo ese señorío se relacionaba con el señorío fundamental del Dios de Israel, un viaje de exploración teológica que condujo finalmente a la fe trinitaria y a la doctrina de la encarnación.

Al examinar la manera real que se constata cuando tienen lugar nuevos descubrimientos, así como la de profundizar en el conocimiento de algo, encontramos nuevas analogías entre la teoría cuántica y la teología, a pesar de tener objetos de estudio tan diferentes. Hallamos nuevas similitudes en los modos en los que, tanto en física como en teología, la experiencia impacta sobre el pensamiento y se desarrollan procedimientos epistemológicos para lograr una comprensión más plena. Ilustro este punto con cuatro comparaciones.

1. *Técnicas para llegar a un descubrimiento: experiencia y análisis*. El avance en la comprensión requiere una interacción sutil y creativa entre la experiencia y el análisis conceptual.

a) *Creatividad teórica y control experimental*. En el capítulo primero recordé el papel indispensable que jugó la experimentación en el desarrollo de la física cuántica. Toca ahora valorar el trabajo de los teóricos y destacar el papel creativo de la exploración conceptual. Signifique lo que signifique la afirmación de Einstein de que las bases fundamentales de la física tenían que ser inventadas libremente, estoy seguro de que no ponía en duda el realismo de nuestro conocimiento del mundo físico, cuya existencia objetiva era para él una apasionada convicción. Einstein jamás hubiera entendido la noción de la teoría física como confección intelectual arbitraria. Lo que creo que tenía en mente al hacer esta observación era que, para lograr una nueva gran intuición, se necesitaba el salto creativo de la imaginación teórica. Un ejemplo genial de este tipo de creatividad fue su propia formulación, en noviembre de 1915, de las ecuaciones de la relatividad general, después de años de reflexión sobre la naturaleza de la gravedad. Por un lado, debió de sentir que la elegancia y economía de dichas ecuaciones –que poseen esa inconfundible belleza matemática que parece estar siempre presente en las fórmulas de una teoría física fundamental– inclinaban a pensar en su validez, pero, por otro lado, esto no lo excusaba de comprobar mediante la observación experimental sus implicaciones. Einstein dijo que el día más feliz de su vida fue cuando encontró que esta nueva teoría de la gravedad explicaba perfectamente el comportamiento del planeta Mercurio, cuyo movimiento discrepaba de las predicciones de la teoría newtoniana, como era bien sabido[1].

El juego entre teoría y experimento en física es mucho más profundo que un mero diálogo sobre las interpretaciones de los resultados experimentales. Implica una interacción creativa entre los hallazgos experimentales y una exploración teórica imaginativa, impulsada por la búsqueda de la verdad. Los descubrimientos iluminadores no se realizan –como propuso Francis Bacon– mediante la acumulación y discriminación de casos particulares con la esperanza de tropezar con una generalización convincente, sino que es algo mucho más sutil y reconfortante. En igual medida, el descubrimiento científico también excede lo que puede conseguirse mediante el libre juego de la especulación matemática. Este punto fue ejemplificado tristemente por el propio Einstein durante la segunda mitad de su carrera científica, en la cual se obsesionó infructuosamente con construir una teoría de campo unificado, tomando como única guía de su investigación el recurso a ingeniosas especulaciones matemáticas. La ciencia no progresa sólo con un empirismo a ras de tierra ni sólo a base de saltos teóricos en la oscuridad, sino a través de la disciplina que impone la continua interacción entre experiencia evaluada e interpretación propuesta.

El modo de lograr el equilibrio entre estos dos aspectos de la epistemología cambia según las circunstancias de

1. Cf. A. Pais, *Subtle is the Lord. The Science and the Life of Albert Einstein*, Oxford 1982, 250-257.

la historia. Ya he hablado de cómo la física de partículas tuvo un amplio desarrollo, durante mi época de investigador de esta materia, gracias a la experimentación. Por supuesto, hubo intuiciones teóricas brillantes, propuestas por personas como Richard Feynman y Murray Gell-Mann, pero surgieron como respuestas a desafíos experimentales. Actualmente, muchos teóricos en ese campo dedican sus esfuerzos a elucidar la teoría de cuerdas, y su aún elusiva generalización, la teoría M. La base fundamental para esta actividad se encuentra en la exploración matemática de la teoría cuántica relativista formulada en términos de dimensiones superiores. Puesto que es evidente que la combinación entre relatividad y teoría cuántica ha de producir una síntesis con una profundidad y fecundidad superiores a la mera suma de sus partes, existe una buena motivación para seguir dicha línea de investigación, pero dado el alto grado de libre creación implicada en la formulación de la teoría de cuerdas, no resulta en absoluto cierto que pueda desembocar en una nueva descripción de la estructura del mundo físico a esa escala. Actualmente, esta investigación teórica no ha sido suficientemente contrastada por los resultados experimentales. La historia sugiere que hay serios límites a lo que podemos esperar de la capacidad humana de adivinar cómo funciona la naturaleza, especialmente cuando la investigación sueña con desbordar lo que permite el actual acceso experimental.

b) *Cristología desde abajo y desde arriba.* El progreso científico a través de la dialéctica entre desafío experimental y exploración conceptual tiene su analogía en la teología. Un elemento importante que interviene en el pensamiento cristológico es la cuidadosa evaluación de aquello que puede saberse históricamente sobre la vida de Jesús de Nazaret y sobre las experiencias de la primera Iglesia[2]. Al final de este capítulo (cf. *infra* apartado 4.b, p. 66-74), me ocuparé de los testimonios de los primeros cristianos sobre sus encuentros con Cristo resucitado, a los tres días de su ejecución. Estos acontecimientos del primer siglo, históricamente únicos, son la contraparte experiencial para la teología de los experimentos que iniciaron el desarrollo de la física cuántica. Los teólogos denominan a los argumentos de este tipo «cristología desde abajo», ya que el movimiento del pensamiento va de abajo a arriba, de los acontecimientos a la comprensión. Diremos muchas más cosas sobre esta estrategia teológica ascendente a lo largo de este libro. Por el momento, tomamos nota de la analogía que hay entre la consideración del Jesús histórico y la observación como componente del descubrimiento científico. La teología es, como la ciencia, una búsqueda de la verdad mediante creencias *motivadas*, y no una mera serie de aserciones fideístas.

Pero del mismo modo que la física tiene que combinar el desafío experimental con la exploración conceptual, también la teología ha de complementar la reflexión cristológica «desde abajo» con los argumentos «desde arriba», evaluando la coherencia conceptual de las ideas en sus propios términos. La teología halla los instrumentos para esta investigación en los recursos provistos por la filosofía, de manera análoga a como la física hace uso de las ecuaciones de las matemáticas. Pero al igual que no toda la matemática es útil para la física, la teología ha de discriminar entre los conceptos filosóficos que son útiles

2. Para introducirse en la inabarcable literatura sobre esta cuestión, cf. G. Stanton, *The Gospels and Jesus*, Oxford 1998.

para sus propósitos y los que no. La teología filosófica tiene sus propios protocolos y no puede operar de forma adecuada mediante esquemas de pensamiento que no respetan su carácter propio, de modo similar a como la física cuántica tampoco puede operar con los criterios propios del pensamiento newtoniano. En particular, creo que una evaluación adecuada del Jesús histórico no puede funcionar bajo el régimen regulativo del historicismo naturalista, cuya premisa básica es que lo que normalmente sucede es lo que sucede siempre[3]. Si el mundo físico a menudo demuestra ser sorprendente, lo mismo podría suponerse de los modos elegidos por Dios para darse a conocer en la historia. Aunque las advertencias de la teología apofática recuerden que los descubrimientos teológicos no alcancen el grado de éxito y completitud de los científicos, podemos al menos reconocer un cierto grado de parentesco entre ambos.

2. *Definir el problema: preguntas críticas.* Un enfoque selectivo de qué cuestiones son relevantes es decisivo para el progreso de la comprensión.

a) *Teoría de cuarks.* Uno de los más grandes dones que puede poseer un científico es la capacidad de plantear las preguntas adecuadas. Esta capacidad requiere un sentido de lo que es significativo y de lo que puede conseguirse en un momento determinado del desarrollo de una disciplina. El descubrimiento del Modelo estándar de la teoría de cuarks tuvo lugar gracias a la sucesiva identificación de dos cuestiones clave. La primera surgió de la búsqueda de un orden subyacente que pudiera estar pre-

3. Cf. J. Polkinghorne, *Explorar la realidad. La interrelación de ciencia y religión,* Maliaño 2007, cap. 4.

sente en el revoltijo de nuevas partículas «elementales» que estaban siendo descubiertas por los experimentalistas a partir de los años 1950. Antes de la Segunda Guerra Mundial, Heisenberg había sugerido que, puesto que protones y neutrones se comportan, a pesar de su diferente carga eléctrica, de manera muy similar en el interior de los núcleos atómicos, ambos podían ser considerados para algunos propósitos como dos estadios de una misma entidad genérica, a la que llamó «nucleón». Tras finalizar la contienda bélica, la plétora de descubrimientos de nuevos estados de materia nuclear animó a ir más allá en esa dirección. Los investigadores empezaron a agrupar las partículas en conjuntos, o «multipletes», cuyos miembros tenían cierto grado de similitud, aunque en otros aspectos podían ser bastante distintos entre sí. Esta estrategia comenzó a dar frutos cuando los agrupamientos de este tipo pudieron ponerse en correspondencia con patrones matemáticos llamados grupos de Lie, y que físicamente podían pensarse como combinaciones de componentes con carga eléctrica fraccionaria, los celebrados cuarks. Se había encontrado una respuesta sorprendente y prometedora a cómo introducir cierto orden taxonómico en el «zoo» de las partículas, pero esto condujo a una segunda cuestión: ¿se trataba tan sólo de un truco matemático útil, poco más que una técnica mnemotécnica, o constituía el signo de la presencia de una estructura física real subyacente, compuesta de cuarks? Para responder a esta segunda pregunta, se puso en marcha una línea de investigación en la que se hacía rebotar una partícula contra un blanco hecho de otras partículas a una altísima energía. Este tipo de choque mostró, de forma clara, la estructura interna del blanco. Circunstancias extremas habían producido análisis sencillos. El estudio de la dispersión inelástica profunda –así se llaman estos experimentos– reveló que los fenómenos que producía se correspondían exactamente a lo que tendría que suceder cuando los proyectiles golpeaban cuarks dentro del blanco. A juicio de los físicos, la realidad de los cuarks había sido establecida convincentemente, a pesar de que jamás se ha visto un cuark aislado en el laboratorio. Este carácter invisible de los cuarks es debido, creemos, a una propiedad llamada «confinamiento», que los une tan firmemente entre sí en el interior de las partículas de las que forman parte, que ningún impacto tendrá la suficiente energía para separarlos individualmente.

b) *Humanidad y divinidad.* Los teólogos, a su vez, necesitan discernir qué cuestiones son las más adecuadas para guiar una reflexión teológica que conduzca a una interpretación aceptable de la experiencia que la Iglesia tiene de Jesucristo. Creo que hay tres preguntas de fundamental importancia: 1) ¿Resucitó Jesús al tercer día? Y si fue así, ¿por qué sólo Jesús de entre todos los seres humanos ha resucitado de entre los muertos al interior de la historia, para vivir una vida eterna de gloria más allá de la historia? 2) ¿Por qué los primeros cristianos se sintieron impulsados a usar un lenguaje que atribuye divinidad al hombre Jesús? 3) ¿Qué experimentaron los primeros discípulos que los llevó a afirmar que habían recibido, mediante el Resucitado, un poder que estaba transformando sus vidas en formas nuevas y sin precedentes?

Las así llamadas cristologías funcionales ven a Jesús como diferente del resto de la humanidad sólo en grado. Según estas cristologías, Jesús vivió más cerca de Dios que otros humanos, y estaba más abierto a la influencia de la presencia divina. Su singular relevancia consiste en su total autenticidad con Dios. Según esto, Jesús es visto como un ejemplo para toda vida humana, animando a otros a seguir su modelo y transmitiéndonos sus ideas sobre Dios, su Padre celestial, que no hubiéramos podido alcanzar por nosotros mismos. Los que adoptan esta visión están sincera y profundamente comprometidos con la causa de Cristo tal como lo entienden. A veces hablan de Jesús en términos evolutivos y lo consideran la primera realización de una nueva posibilidad emergente para la vida humana, una intensificación de lo que había estado ya presente, aunque sólo de forma parcial, en las vidas de personas santas y de profetas. Según esta visión, mientras que Jesús fue único en su tiempo, tal nivel de vida con Dios podría, en principio, ser alcanzable para otros que vinieran después.

No logro ver que esta posición ofrezca respuestas satisfactorias a las tres cuestiones decisivas de la cristología. La resurrección de Jesús, entendida en los términos arriba expuestos y que serán discutidos con detalle más adelante, se sitúa claramente fuera de la idea de que Jesús sea más completa e intensamente humano que el resto de nosotros. La resurrección no puede considerarse como signo de lo que podría esperarse del próximo estadio de la evolución humana, sino que debe ser el resultado de un acto singular de Dios. Si Jesús era sólo un hombre inusualmente inspirado, la aplicación a él del lenguaje divino por parte de los primeros cristianos debería considerarse como un error desafortunado, pues resulta inapropiado para alguien que era simplemente humano, por extraordinario que fuera. Los primeros cristianos dieron testimonio de la experiencia de un nuevo poder que actuaba en sus vidas. Para tan radicales transformaciones de vida, se requiere más que buen ejemplo, es necesario el don de la gracia divina.

Lo que los teólogos llaman la obra de Cristo –el perdón de los pecados, la victoria sobre la muerte y el don del Espíritu– constituye una pista importante de la naturaleza de Cristo. Creo que únicamente una comprensión de Jesús que ve en él no sólo plena humanidad, sino también plena divinidad, ofrece la posibilidad de responder de forma satisfactoria a las preguntas que plantea el testimonio del Nuevo Testamento.

3. *Ampliando horizontes a nuevas posibilidades*. El progreso requiere la viabilidad de que nuevas experiencias ensanchen el rango de posibilidades conceptuales.

a) *Transiciones de fase.* Nuevos conceptos emergen a menudo en física como respuesta a la exploración de nuevas posibilidades, en las que se descubre que los procesos manifiestan, de forma inesperada, nuevos comportamientos. La dualidad onda/partícula de la luz ha sido el paradigma que hemos tomado como ejemplo, pero hay muchos otros.

Uno de los más «seguros» resultados en física parecía ser la ley de Ohm, descubierta en 1827. Enuncia que la intensidad de una corriente eléctrica es igual al voltaje dividido por la resistencia del circuito. Generaciones de estudiantes habían hecho ya incontables experimentos para verificar esta predicción, cuando en 1911 un físico neerlandés, Heike Kamerlingh Onnes, demostró que, después de todo, esta no era una ley universal. Cuando ciertos metales son enfriados a muy bajas temperaturas, su resistencia eléctrica desaparece y una corriente eléctrica puede circular por él sin que haya una fuerza electromotriz que lo impulse. Kamerlingh Onnes había descubierto la superconductividad, una hazaña por la que recibió merecidamente el premio Nobel en 1913. En aquella época, nadie tenía la menor idea de por qué sucedía este extraño fenómeno. Hoy sabemos que la superconductividad es un fenómeno intrínsecamente cuántico que no podría haber sido comprendido en 1911. Sólo cincuenta años más tarde se pudo formular una teoría que diera cuenta de este efecto.

Por supuesto, las leyes básicas de la física no cambian para esas bajísimas temperaturas. Las leyes son las mismas, pero sus consecuencias se alteran drásticamente cuando se pasa de un régimen conductor a otro superconductor. Los físicos se vieron obligados a ensanchar su horizonte bajo el impacto del extraño modo en que estos metales se comportan. Transiciones tan dramáticas reciben el nombre de «transiciones de fase». Una que nos es familiar a todos es la ebullición del agua. Por debajo de los cien grados centígrados, el agua es líquida, por encima de esa temperatura, gaseosa. Si no fuera porque estamos acostumbrados a ver esta transición todos los días, nos sorprendería enormemente. Los cambios de fase son fenómenos especialmente difíciles de comprender, pero ilustran el hecho de que diferencias llamativas en apariencia pueden ser consistentes con una profunda continuidad subyacente en la ley física fundamental.

b) *Milagros*. Una aproximación bastante similar es necesaria en teología en relación con la cuestión de los milagros. No tiene sentido teológico suponer que Dios es una especie de mago celestial, que usa su poder divino para hacer hoy algo que no pensaba hacer ayer y que no se molestará en hacer mañana. Debe haber una profunda consistencia subyacente en la acción divina, pero esa exigencia no condena a la divinidad a no realizar nunca nada que sea radicalmente nuevo o inesperado. En la tradición cristiana, usamos el lenguaje personal acerca de Dios no porque pensemos que Dios es un anciano con barba sentado en lo alto del cielo, sino porque es menos equívoco usar los finitos recursos del lenguaje humano para llamar a Dios «Padre» que aplicarle el término impersonal «Fuerza». No concebimos la consistencia divina como una regularidad rígidamente inalterable como la que exhibe la fuerza de la gravedad, sino como la de una relación personal fiel que se adecúa a nuestras circunstancias. Cuando esas circunstancias cambian radicalmente –cuando la historia entra en un nuevo régimen, se podría decir– es una posibilidad coherente que ese nuevo régimen esté acompañado de nuevos fenómenos providenciales. Así, el problema del milagro no es estrictamente hablando un problema científico, porque la ciencia habla sólo de lo que sucede normalmente y no tiene autoridad para excluir *a priori* la posibilidad de eventos inesperados en circunstancias sin precedentes. La ciencia tampoco puede afirmar que sus criterios son los únicos para definir cuándo ha ocurrido un cambio significativo de circunstancias. Más bien, el milagro es un problema *teológico*, que demanda el descubrimiento de la consistencia divina que subyace a un particular evento, de modo que sea compatible con la ausencia de eventos similares en otras ocasiones.

El cristianismo no puede escapar del problema del milagro, puesto que la resurrección de Jesús está en el corazón de su fe. La cristología se ocupa de la afirmación de que en Jesús la vida humana y la vida divina se unen de manera única mediante la encarnación del Hijo de Dios, dando lugar a un nuevo régimen en la historia de la Creación. Estas dos cuestiones, resurrección y dualidad divino/humana, son centrales en este libro. Ambas están inextricablemente entrelazadas. Si Jesús es el Hijo de Dios, es una posibilidad coherente que su vida haya mostrado fenómenos nuevos y sin precedentes, incluido el de resucitar de la muerte para una vida de gloria sin fin. (Es importante subrayar que la resurrección de Jesús es muy diferente de lo narrado sobre personas como Lázaro, de quien se dice que fue restaurado a la vida, pero para volver a morir. Lo de Jesús fue resurrección, no revivificación). Si Jesús resucitó de la muerte, entonces hay ciertamente algo *únicamente* significativo acerca de él. De nuevo, no es posible escapar del círculo hermenéutico en la búsqueda humana de conocimiento. En teología, como en ciencia, uno debe tratar, mediante una escrupulosa investigación, de las creencias motivadas, o sea, de que este círculo sea benigno y no vicioso.

La actitud hacia los milagros que hemos asumido aquí corresponde con el modo en que el evangelio de Juan habla de ellos como «signos» (Juan 2, 11, etc.). Los milagros son ventanas abiertas a una perspectiva sobre la realidad divina más amplia que la de nuestra experiencia cotidiana, de un modo similar a como la superconductividad abrió una nueva ventana, más completa que la Ley de Ohm, al comportamiento de los electrones en metales. Las afirmaciones de que un milagro ha ocurrido tendrán que ser evaluadas caso por caso. No puede haber una teoría general que cubra el carácter de eventos únicos, pero el rechazo a contemplar la posibilidad de eventos de revelación sin precedentes sería una limitación inaceptable, impuesta arbitrariamente a los horizontes del pensamiento religioso.

4. *Eventos particularmente significativos*. Fenómenos específicos, contrarios a lo que se esperaba, pueden confirmar comprensiones radicalmente nuevas de la realidad.

a) *El efecto Compton*. Muchas intuiciones científicas surgen del desarrollo de un programa de investigación experimental y de los avances en comprensión teórica que lo acompañan. El progreso es a menudo gradual y episódico, conquistado paso a paso. De hecho, que un experimento resuelva por sí sólo un asunto –aspiración acariciada por divulgadores de la ciencia– no deja de ser una simplificación de un proceso mucho más laborioso. Sin embargo, hay ocasiones en las que una cuestión es zanjada de manera definitiva e irreversible por un resultado experimental concreto. En la larga historia de la investigación sobre la naturaleza de la luz, Arthur Compton lo consiguió, en 1923, con sus estudios sobre la dispersión de los rayos X. Sus resultados asestaron el golpe de gracia definitivo a las dudas que persistían sobre el hecho de que la radiación electromagnética presentaba propiedades propias de las partículas[4].

Lo que Compton descubrió es que la frecuencia de los rayos X cambiaba cuando eran dispersados por la materia. La dispersión era inducida por la interacción entre la radiación incidente y los electrones en los átomos que componían la materia. Si esta radiación se comportase como una onda, los electrones vibrarían según la frecuencia de los rayos X incidentes y esta excitación causaría que las ondas emitieran radiación *de la misma frecuencia*. Según la teoría clásica de ondas, no se podía esperar ningún cambio de frecuencia. Ahora bien, si el fenómeno se entendía según el paradigma que asume que la radiación está hecha de partículas, podía ser descrito de modo semejante a una colisión –análogo a la de unas bolas de billar– entre fotones y electrones. En esta colisión, el fotón incidente perdería algo de su energía al gol-

4. Los rayos X son, al igual que la luz visible, una forma de radiación electromagnética, pero con una frecuencia mucho mayor [N. del T].

pear el electrón. Según la ley de Planck, una reducción de energía se corresponde con una reducción de frecuencia, con el resultado de que la radiación saliente tendría una frecuencia menor al incidente, que fue lo que Compton descubrió. A partir de esta constatación resultó sencillo calcular el efecto, y el resultado experimental coincidió perfectamente con lo predicho por la teoría. El trabajo de Compton había dado la victoria definitiva a los que defendían que la luz se comportaba como una partícula, disipando así toda duda.

b) *La resurrección*. En el caso de la cristología, la cuestión decisiva sobre la que todo pivota es la resurrección. Jesús llevó a cabo un admirable ministerio público, atrajo multitudes, curó enfermos, proclamó la llegada del Reino de Dios. Pero durante su última visita a Jerusalén, todo pareció venirse abajo. Su entrada en la ciudad a lomos de un burro había sido aclamada con un grito que resultaba políticamente peligroso: «¡Bendito el reino que llega, el de nuestro padre David!» (Marcos 11, 10). Al día siguiente, realizó el provocativo gesto de expulsar a los vendedores del Templo (Marcos 11, 15-18). A medida que avanzaba la semana, el ánimo de la multitud fue cambiando. Algunos perdieron su entusiasmo, otros se volvieron abiertamente hostiles. Las autoridades civiles y religiosas, Pilato y Caifás, actuaron para retomar el control de una situación potencialmente peligrosa. Así, Jesús fue detenido, condenado y crucificado. Esta muerte, dolorosa y humillante, estaba reservada por los romanos a esclavos y rebeldes, además de ser considerada por los judíos devotos como un signo evidente del rechazo de Dios; hay que recordar que en la Ley hebrea se declaraba que todo aquel que colgase de un madero estaba maldito por Dios (Deuteronomio 21, 23).

En el lugar donde se llevaba a cabo la ejecución, un grito de desamparo desgarró la oscuridad: «Dios mío, Dios mío, ¿por qué me has abandonado?» (Marcos 15, 34; Mateo 27, 46). A primera vista, el episodio final de la vida de Jesús evidenciaba su completo fracaso. Si ese hubiera sido el final de la historia, no sólo habría sido la negación de toda su obra, sino que además hubiera conllevado la desaparición de todo recuerdo histórico sobre dicho personaje. Efectivamente, eso fue lo que les ocurrió a tantos otros que fueron humillados por pretender ir más allá de los pobres límites de su estatus. No obstante, todos hemos oído hablar de Jesús. A lo largo de los siglos, su figura ha sido una de las más influyentes en la historia de la humanidad. Cualquier relato de su persona tiene que explicar este notable hecho. *Algo* debe de haber pasado para que la historia de Jesús continuara. Sea lo que fuese, tuvo que ser de una magnitud suficiente como para explicar la transformación que produjo en sus seguidores, los cuales pasaron de ser un grupo de desertores atemorizados que huyeron cuando él fue arrestado, a convertirse en personas capaces de hacer frente a las autoridades de Jerusalén sólo unas pocas semanas después, proclamando llenos de confianza que Jesús era el elegido de Dios, el Señor y el Mesías (Hechos 2, 22-26). Pienso que una transformación tan radical no puede haberla generado una serena meditación y una determinación renovada por seguir propagando las enseñanzas de Jesús. Todos los escritores del Nuevo Testamento coinciden en atestiguar que el desencadenante fue la resurrección de Jesús de la muerte al tercer día de su ejecución.

Esta afirmación resulta ciertamente asombrosa. Que sea verdad o mentira es el punto sobre el que pivota la identidad de Jesús. La declaración más temprana que conservamos de esta aserción se encuentra en la primera de las cartas que Pablo dirigió a los cristianos de Corinto:

> Por mi parte os transmití, en primer lugar, lo que a mi vez recibí: que Cristo murió por nuestros pecados según las Escrituras; que fue sepultado y resucitó al tercer día, según las Escrituras; y que se apareció a Cefas y luego a los Doce; después se apareció a más de quinientos hermanos a la vez, de los que la mayor parte todavía vive, si bien algunos han muerto. Luego se apareció a Santiago, y más tarde a todos los apóstoles. Y después de todos se me apareció a mí, como si de un hijo nacido a destiempo se tratara (1 Corintios 15, 3-8).

Este pasaje, compuesto a mediados de los años 50 del siglo I, es decir, unos veinte o veinticinco años después de la crucifixión de Jesús, es un texto extremadamente condensado, en el que no sobra ninguna palabra. Pone el énfasis en los testigos de la resurrección, todavía accesibles en el momento en que fue escrito, puesto que la mayoría aún vivía. Cuando Pablo dice que transmitió «lo que a mi vez recibí», la conclusión lógica es que se está refiriendo a la enseñanza que se le transmitió después de su dramática conversión en el camino de Damasco. Esto colocaría el testimonio original a sólo dos o tres años de los eventos a los que se refiere. Tal antigüedad recibe confirmación por otros detalles del texto, como el uso del término arameo «Cefas» para Pedro y la referencia a los apóstoles como «los Doce», usos que apenas pervivirán en la iglesia primitiva. Sin embargo, el texto no aclara cómo sucedieron realmente estas experiencias de apariciones. Para intuir cómo ocurrieron, tenemos que acudir a los evangelios.

El experto en el Nuevo Testamento Nicholas T. Wright comenta que «los relatos de la resurrección se encuentran entre las más extrañas historias jamás escritas»[5]. A pesar de su extraordinario contenido, estos relatos de apariciones se caracterizan por un sobrio naturalismo, con escaso énfasis en el asombro y la fascinación que tales eventos hubieran podido provocar. Las narraciones son un tanto fragmentarias, con escaso detalle sobre las conversaciones entre Cristo y los testigos. Su carácter resulta más enigmático que triunfalista. En lugar de exclamaciones inmediatas de bienvenida y alivio por parte de los discípulos, se observa una recurrente torpeza inicial para reconocerle[6]; e incluso después del reconocimiento, parece que persiste una extraña reserva: «Ninguno de los discípulos se atrevía a preguntarle quién era, porque sabían bien que era el Señor» (Juan 21, 12). Los relatos no siguen ninguno de los patrones que se podrían esperar de unos escritos del siglo I. No describen a un individuo que ha revivido y ha sido devuelto a la vida ordinaria después de haber estado muerto (como Lázaro, en Juan 11, 44), ni la visión de una figura de luz (como en Apocalipsis 1, 12-16). Además, los relatos tienen un tono claramente distinto en cada uno de los evangelios. El texto auténtico de Marcos termina en 16, 8, sin describir la aparición en Galilea, anticipada en dos ocasiones (Marcos 14, 28; 16, 7). En Mateo, Jesús se aparece a algunas mujeres en Jerusalén, pero la principal aparición tiene lugar a un grupo de discípulos en una colina de Galilea (Mateo 28, 16-20). En Lucas, todo parece suceder en o cerca de Jerusalén el primer día de Pascua. Narra la historia de dos discípulos que caminaban hacia Emaús (Lucas 24, 13-32), menciona brevísimamente una aparición a Pedro (v. 34) y con más

5. N. T. Wright, *The Resurrection of the Son of God*, London 2003, 587; versión cast.: *La resurrección del Hijo de Dios*, Estella 2008.

6. Mateo 28, 17; Lucas 24, 15-16; Juan 20, 15; 21, 4.

detalle una aparición subsiguiente a los discípulos reunidos en la ciudad (vv. 36-51). Pero el mismo autor habla, en su segundo libro (Hechos 1, 3), de apariciones que tuvieron lugar durante un período de cuarenta días. En Juan hay apariciones en Jerusalén (cap. 20) y una aparición junto al Lago de Galilea (cap. 21).

Fuera de los evangelios, tenemos la aparición a Pablo como uno «nacido a destiempo», relatada tres veces en el libro de los Hechos de los apóstoles (9, 3-9; 22, 6-11; 26, 12-18; ver también 2 Corintios 9, 1; Gálatas 1, 15-16). Esta historia parece diferente de las demás, no sólo porque ocurre significativamente más tarde, sino porque su carácter es más bien el de una visión de una figura luminosa. No obstante, el propio Pablo parece capaz de distinguir este evento, que considera el fundamento de su ser apóstol (1 Corintios 9, 1), de una experiencia visionaria religiosa de carácter más ordinario (cf. 2 Corintios 12, 1-5; ver también Hechos 18, 9).

¿Qué hacer con esta asombrosa variedad, tan diferente del modo más o menos similar en el que los cuatro evangelios nos cuentan los eventos que tuvieron lugar en la última semana de Jesús en Jerusalén? ¿Nos encontramos simplemente ante una colección de cuentos inventados por diferentes autores en distintas comunidades, como una vívida manera de expresar su convicción de que el mensaje de Jesús podía continuar después de su muerte? No lo creo.

Algunas consideraciones me inducen a tomar mucho más en serio el testimonio de las apariciones de Cristo resucitado. En primer lugar, está la insistencia en el tema común de la dificultad que tienen los testigos en reconocer quién era el que se les aparece; un detalle de la tradición resulta especialmente desconcertante, el hecho de que el evangelista Mateo admite con franqueza que en la colina de Galilea hubo todavía quienes dudaban (Mateo 28, 17). Este tema se expresa de maneras diferentes en los distintos relatos y pienso que es extremadamente improbable que su constante presencia sea sólo una coincidencia accidental entre historias fabricadas. Más bien creo que es un recuerdo histórico real de lo que esos extraordinarios encuentros pudieron ser. Podría especularse que, inicialmente, no fue fácil comprender que era Jesús mismo, resucitado, quien estaba allí con ellos.

Wright llama la atención sobre otras dos características inesperadas de los relatos. La primera es la curiosa reticencia a invocar temas bíblicos en la interpretación de las experiencias. Wright lo llama «el extraño silencio de la Biblia en los relatos»[7], que contrasta con el modo en que temas de las Escrituras hebreas son libremente aludidos en otros lugares de los evangelios, especialmente en relación con la crucifixión. Pero la contextualización bíblica brilla por su ausencia cuando se trata de los relatos de las apariciones del Resucitado. Es como si lo que sucedió por la acción de Dios fuera algo tan nuevo y sin precedentes, que sólo podía ser considerado bajo su propia luz. Wright comenta que este cambio en el estilo narrativo de los evangelios da «la sensación de un solo de flauta que interpreta una nueva melodía después de que la orquesta haya enmudecido»[8]. La segunda característica, relacionada con la primera, es la ausencia en estos relatos de glosas interpretativas que los conecten con la esperanza en un destino más allá de la muerte para quienes han puesto su fe en Jesús. Nuestro autor enfatiza que «en ningún mo-

7. N. T. Writght, *Resurrection*, 599.
8. *Ibid.*, 600.

mento mencionan la esperanza futura de los cristianos»[9], en notable contraste con discursos sobre el tema de la resurrección en otros lugares del Nuevo Testamento, como 1 Corintios 15. Una vez más, es como si los evangelios se contentaran con ofrecer datos brutos, sin imponer sobre ellos una interpretación.

Da la impresión de que hay algo único en los relatos evangélicos de las apariciones. Dicho de otro modo, dejan entrever un carácter muy específico, que corresponde a la descripción de unos hechos sin precedentes, que no son un «más de lo mismo», una simple continuación de la historia de Jesús. Vincent Taylor sugirió que las intrigantes variaciones del lugar de las apariciones que encontramos entre los distintos evangelios proceden del énfasis que cada evangelista dio al valor del testimonio directo, lo que implicó que cada comunidad escogiera preservar los relatos aportados por los testigos que le eran accesibles[10]. Cuanto más se ponderan estos puntos, menos probable parece que lo que tenemos sea una colección de ficciones piadosas. El estilo es muy diferente de lo que uno podría esperar de una fabulación, algo que se confirma cuando se leen los relatos de la resurrección de los evangelios apócrifos, escritos en el siglo II, y se da cuenta de lo poco convincentes que son. Según Wright, si los autores del siglo I hubieran inventado estos relatos por motivos apologéticos, no habrían producido una colección tan idiosincrática de narraciones, sino «algo mejor»[11]. Creo que las historias de las apariciones requieren ser tomadas muy seriamente como evidencias verídicas de la resurrección de Jesús.

9. *Ibid.*, 602.
10. V. Taylor, *The Formation of the Gospel Tradition*, New York 1953, 59-62.
11. N. T. Wright, *Resurrection*, 680.

Hay una segunda línea de pruebas que también debemos considerar. Me refiero a los relatos sobre el hallazgo de la tumba vacía. Estas narraciones se encuentran en los cuatro evangelios, esencialmente en los mismos términos, con sólo pequeñas diferencias sobre los nombres exactos de las mujeres y sobre el momento preciso de la mañana del domingo en el que hicieron el descubrimiento. De nuevo hay una sorprendente ausencia de triunfalismo. De hecho, la reacción inicial ante la tumba vacía es más de miedo que de alegría[12]. Según la costumbre judía, después de que un cadáver permaneciera en la tumba durante un año hasta quedar reducido a esqueleto, los huesos debían sacarse de allí y colocarse en un osario en distinto lugar. Aparentemente, esto no fue lo que pasó con Jesús. Creo que así sucedió, porque no había huesos que preservar.

Pero la razón más fuerte para tomarse en serio los relatos de la tumba vacía es el protagonismo que tienen en ellos las mujeres. En el mundo antiguo, el testimonio de una mujer era considerado poco fiable y no tenía validez ante un tribunal de justicia. Si estos relatos fueran inventados, ninguna persona del siglo I hubiera hecho de unas mujeres los primeros testigos, sino que habría elegido varones para tener credibilidad. Creo que, si se afirma que fueron mujeres las descubridoras de la tumba vacía, es porque esto fue simplemente lo que sucedió. Quizás ellas recibieron tal privilegio, porque, a diferencia de sus compañeros, no habían huido cuando las autoridades arrestaron a Jesús.

Hay, pues, buenas razones para tomar con la máxima seriedad la afirmación de que Jesús resucitó de la muerte, por muy extraña que resulte esta formulación de fe para

12. Mateo 28, 5; Marcos 16, 8; Lucas 24, 5; Juan 20, 11.

nuestra experiencia cotidiana. Otras dos consideraciones vienen a confirmar esta idea. La primera es el establecimiento por parte de los cristianos del domingo como el Día del Señor para conmemorar su resurrección, en lugar del sábado judío. Este cambio requirió sin duda una fuerte motivación, pues los miembros de la Iglesia más primitiva eran judíos piadosos. En segundo lugar, el testimonio continuo de la Iglesia ha hablado siempre de Jesús como su Señor viviente en el presente y no como un fundador venerable del pasado.

Un evento único de este tipo no puede confirmarse con el mismo grado de certeza que atribuimos a un hallazgo experimentalmente repetible, como el efecto Compton. No obstante, la resurrección es una creencia bien motivada que, personalmente, encuentro convincente. Reconozco que el peso de las pruebas sobre la resurrección depende del valor que demos al significado de Jesús y a su papel en los planes de Dios. Proseguir con este análisis es el contenido de la cristología, y será un asunto que nos ocupará en los siguientes capítulos.

3
LECCIONES DE LA HISTORIA

Uno de los más influyentes filósofos de la ciencia del siglo XX fue Thomas Kuhn, que propuso una celebrada tesis sobre la manera de progresar de la ciencia[1]. Según este pensador, durante la mayor parte del tiempo la ciencia avanza con lentitud, resolviendo uno a uno los problemas (Kuhn llamó a esto «ciencia normal»), pero de vez en cuando sucede algo más dramático. Son las revoluciones científicas, momentos de cambio radical en los que el «paradigma» (la visión generalmente aceptada) se altera drásticamente. Un buen ejemplo de estos saltos cualitativos son los albores de la teoría cuántica, que condujo al abandono de la creencia en la total adecuación del paradigma newtoniano. Un mundo físico que se consideraba transparente y determinado resultaba ser borroso e imprevisible en sus raíces subatómicas. En paralelo, puede considerarse como análogo teológico el nacimiento del cristianismo, con sus nociones radicales de un Mesías crucificado y un Señor resucitado, que conducirán al paradigma trinitario de la naturaleza de Dios y a la doctrina de la encarnación.

Llevado por el entusiasmo de su tesis, Kuhn tendió a exagerar el grado de discontinuidad que implica el cam-

1. T. Kuhn, *The Structure of Scientific Revolutions* (1962); versión cast: *La estructura de las revoluciones científicas*, Ciudad de México 2013.

bio de paradigma, sugiriendo que los teóricos cuánticos y newtonianos habitaban mundos teóricos tan distintos que no podían entenderse, a pesar de que no dejaron de dialogar entre ellos, especialmente cuando la nueva física se esforzó por comprender desde su punto de vista los éxitos conseguidos por la física clásica. Más adelante, reconoció que se había excedido y corrigió un tanto sus posiciones más extremas. En todo caso, Kuhn había formulado un esclarecedor principio general para entender cómo funciona la ciencia, a saber, que la historia de la ciencia ofrece la mejor pista para hacer filosofía de la ciencia. Con el fin de entender el modo de operar la ciencia y de conseguir sus logros, hay que estudiar cómo se hace realmente ciencia y cómo desarrolla su comprensión. Las valoraciones filosóficas deben hacerse sobre la base de casos concretos de investigación científica y no apelando a principios generales. La filosofía de la ciencia, propiamente entendida, es una argumentación ascendente sobre cómo han resultado ser las cosas, más que una argumentación descendente sobre cómo tienen que ser.

En teología, tenemos el concepto del desarrollo histórico de la doctrina. Los que creemos en la acción continua del Espíritu Santo (Juan 16, 12-15) entendemos la revelación no tanto como un acto de comunicación realizado de una vez por todas, sino como un proceso. Ciertamente, existen tiempos especiales, como el período del Nuevo Testamento, que son comparables a los momentos de cambios de paradigma de las revoluciones científicas, pero los más frecuentes van a ser los tiempos de «teología normal».

A continuación, nuestro estudio comparativo de ciencia y teología cristiana ofrece algunos ejemplos históricos de cómo tiene lugar el descubrimiento de nuevas verdades en ambas disciplinas.

1. *Reconocimiento progresivo de un significado más profundo*. El progreso en la comprensión requiere un proceso de exploración y discriminación de las consecuencias que han surgido a partir de las nuevas posibilidades conceptuales.

a) *Progreso teórico*. La hipótesis original de Max Planck según la cual la radiación es emitida y absorbida en paquetes cuyo contenido energético individual es directamente proporcional a la frecuencia de la radiación, produjo una fórmula llamativamente exitosa para el espectro de la radiación del cuerpo negro. Pero el propio Planck no se encontraba cómodo con este gran descubrimiento, tal como reveló en una entrevista posterior, describiéndolo como un acto de desesperación.

Los cuantos son paquetes de energía que pueden contarse (1, 2, 3…). Esta idea de contabilidad la aplicó Niels Bohr en 1913 a otra cantidad física, el momento angular, la medida del movimiento rotacional de un sistema. Lo interesante es que, a partir de ella, pudo formular su famoso modelo del átomo de hidrógeno. En términos cuantitativos, fue también un notable éxito, que explicaba las propiedades del espectro del hidrógeno. En concreto, daba razón de una fórmula que había sido escrita unos veintiocho años antes por un maestro de escuela suizo, Johann Jacob Balmer, que era considerada hasta aquel entonces como una simple curiosidad numerológica que se adecuaba a los hechos, sin que se supiera por qué. El principio de Bohr de la cuantización del momento angular, por una parte, arrojaba luz, pero, por otra, parecía una imposición arbitraria a la física newtoniana de dudosa consistencia. Cuando en 1926 Erwin Schrödinger, basándose en una analogía entre óptica ondulatoria y óptica geométrica, formuló su ecuación epónima y la aplicó al átomo de hidrógeno, halló que producía un cálculo convincente de la fórmula de Balmer. Sólo entonces se logró comprender su verdadero alcance.

Apenas un año antes, en 1925, Werner Heisenberg había descubierto la primera formulación de la teoría cuántica, pero su expresión matemática era tan novedosa (mecánica matricial), que resultaba extraña y poco clara, no inmediatamente reconocible como expresión de la misma teoría física que luego fue propuesta por Schrödinger. Los progresos se sucedían de prisa en aquellos años, y la equivalencia fundamental de las dos teorías no sólo fue pronto establecida, sino que quedó claramente demostrada gracias a la descripción general que hizo Paul Dirac de los principios de la mecánica cuántica, basándose en el principio de superposición (cf. *supra*, p. 44-46, apartado 3: «Nueva síntesis y comprensión»).

La historia de la física cuántica es la de un desarrollo continuo dentro de un campo de comprensión en expansión. El punto final (la moderna teoría cuántica) parece muy distinto de los puntos iniciales (cuantos de energía goteando de un cuerpo negro), pero el patrón ha sido el de un crecimiento coherente en la formulación conceptual y explicación efectiva, conectando el inicio y el fin, y dando a todo el episodio el carácter de una comprensión más profunda de la verdad.

b) *Títulos y encarnación.* El pensamiento cristiano sobre el estatus y el significado de Jesús muestra el patrón propio de un proceso que tiene como fin encontrar la verdad. Durante su vida, Jesús tuvo clara conciencia de estar en una relación especialmente cercana con Dios, su Padre celeste. En Getsemaní oró íntimamente, usando un término arameo que impresionó tanto al evangelista Marcos que decidió conservarlo trasliterado en su evangelio, escrito en griego: «¡*Abba*, Padre! Todo te es posible, aparta de mí esta copa de amargura. Pero no se haga como yo quiero, sino como quieres tú» (Marcos 14, 36)[2]. Poco antes, cuando Jesús había preguntado a sus discípulos sobre quién decía la gente que era él, no rechazó la confesión un tanto imprecisa de Pedro: «Tú eres el Mesías/Cristo»[3]. Con todo, acto seguido les ordenó que guardaran silencio sobre ello, al tiempo que empezó a cualificar el concepto del Mesías de Dios, asociándolo al sufrimiento y al rechazo, no al triunfo por la fuerza (Marcos 8, 27-33). La persistencia del título Cristo, hasta el punto de convertirse prácticamente en un segundo nombre, sugiere que los cristianos recordaban que este título tiene su origen en el Señor mismo y que fue preservado fielmente por sus primeros seguidores[4].

Una historia más compleja está ligada a otro título que Jesús usa en los evangelios. La expresión «Hijo del Hombre» aparece regularmente en los labios de Jesús en los evangelios y sólo una vez en boca de otro, cuando una multitud se hace eco de las palabras del Maestro (Juan 12, 34). Pero no hay razón para creer que el título siguiera usándose de forma independiente en la Iglesia después de la resurrección. Ha habido debates interminables entre los expertos del Nuevo Testamento sobre su significado. Aquí sólo puedo resumir las conclusiones que me

2. Es cierto que algunos especialistas argumentan que *abba* no conlleva necesariamente una connotación de intimidad; sin embargo, su uso en Marcos, así como en Romanos 8, 15 y Gálatas 4, 6, como una rara inserción aramea en el griego del Nuevo Testamento, sugiere que transmite un significado de especial familiaridad en estos contextos.

3. La palabra hebrea *Masiaj* (Mesías) se corresponde en griego con *Jristós* (Cristo). Ambas equivalen a «Ungido» [N. del T.].

4. C. F. D. Moule, *The Origin of Christology*, Cambridge 1977, 34-35.

parecen más plausibles[5]. Algunas veces esta expresión se refiere claramente a Jesús y denota un significado especial aplicable a él (por ejemplo, Marcos 8, 31), pero otras veces se refiere a una figura relacionada con la realización última de los planes divinos, asociada íntimamente con Jesús, pero no identificada inequívocamente con él (Marcos 8, 36). Creo que este título proviene de Jesús mismo, y el hecho de que haya variación en el modo en que es usado no hace sino confirmar este punto, pues es inconcebible que la comunidad cristiana pospascual hubiera tenido duda alguna de que Jesús era el realizador último de los planes divinos. Es muy probable que, al usar esta frase, Jesús tuviera en mente la visión descrita por el libro de Daniel, cuando dice: «Vi venir sobre las nubes a alguien semejante a un hijo de hombre» (Daniel 7, 13). Si esto es así, el título conlleva un significado de especial importancia, más allá de una simple referencia a un mensajero profético encargado de transmitir una palabra de parte de Dios.

Los títulos «Cristo» e «Hijo de hombre» nos dicen algo importante acerca de la autocomprensión de Jesús durante su vida. Son afirmaciones exaltadas, de quien se identifica como un enviado especial de Dios en la historia y más allá de la historia, pero no son títulos intrínsecamente divinos. Lo mismo se puede decir de «Hijo de Dios», pues puede ser atribuido al rey de Israel (por ejemplo, salmo 2, 7). En mi opinión, estos títulos son consistentes con lo que un hombre, que vivió una vida verdaderamente humana en la Palestina del siglo I, pudo pensar de sí mismo como alguien llamado a desempeñar

5. Para un debate más completo, cf. J. Polkinghorne, *Science and Christian Belief*, London 1994, 98-100.

un papel único en los propósitos de Dios, sin dirimir en una u otra dirección la cuestión de si era algo más que simplemente un hombre.

Es evidente que la primera Iglesia llegó muy pronto a la conclusión de que había algo más que decir, y de esa convicción surgió esta mezcla extraña de lenguaje divino y humano aplicado a Jesús a la que ya nos hemos referido, así como el uso del título cuasi-divino de «Señor»[6]. En la búsqueda de las palabras adecuadas para hablar de Jesús, aquellos primeros cristianos escudriñaron la Biblia hebrea para encontrar los recursos que necesitaban. El exegeta del Nuevo Testamento Raymond Brown hace una interesante observación cuando compara este procedimiento con el que reflejan los manuscritos del Mar Muerto encontrados en Qumrán a la hora de usar las Escrituras hebreas. Su técnica, conocida como *pesher*, tomaba una profecía –por ejemplo, de Habacuc– y trataba de interpretarla a partir de sus mínimos detalles, línea por línea, como predicciones de acontecimientos contemporáneos. Los primeros cristianos, que fueron mucho más libres y eclécticos, orientaban su pensamiento desde la idea que tenían de la persona de Jesús. Según Brown, la clave hermenéutica «no es primariamente que el Antiguo Testamento da sentido a la situación presente: Jesús provee la clave, no las Escrituras»[7]. Entre las imágenes del Antiguo Testamento que usaron los primeros cristianos estaba la noción de Jesús como segundo Adán, que revierte las consecuencias de la caída del primero (Romanos 5, 12-21) y la figura de la

6. La palabra *kyrios* tenía un uso cotidiano similar al término español «señor», pero su uso específico como título aplicado a Cristo es ciertamente otra cuestión.

7. R. E. Brown, *An Introduction to New Testament Christology*, New York 1994, 98; versión cast.: *Introducción a la cristología del Nuevo Testamento*, Salamanca 2001.

divina Sabiduría (1 Corintios 1, 24). Cuando se escribió el prólogo de Juan (probablemente a finales del siglo I) Jesús era ya identificado como la Palabra –haciendo converger el concepto de un principio ordenador del universo, que es uno de los significados de la palabra griega *logos*, con el concepto hebreo de *dabar*, la palabra de Dios activa en la historia–, y esta Palabra es identificada con la divinidad (Juan 1, 1.14). A lo largo del evangelio de Juan, Jesús es referido como el Hijo (por ello, inevitablemente, lo escribimos con mayúscula) enviado por el Padre, pero este evangelio contiene una frase: «el Padre es mayor que yo» (Juan 14, 28), a la que apelarán los arrianos para apoyar su idea de la subordinación del Hijo al Padre. Si bien es cierto que al final del período neotestamentario ya se había alcanzado un significativo desarrollo de la cristología, no lo es menos que siguió persistiendo cierta confusión. Fue el debate teológico posterior el que condujo a las decisiones de los grandes concilios ecuménicos, donde se determinó doctrinalmente que el hombre Jesús de Nazaret era la encarnación de la segunda persona de la Santísima Trinidad. Como en la teoría cuántica, también en la teología cristiana se pudo reconocer una significación mucho mayor de lo que era evidente al inicio del proceso de búsqueda de la verdad. La física cuántica necesitó para su expresión de nuevas matemáticas, más allá de las desarrolladas por Newton, y los autores del Credo niceno tuvieron que hacer uso de nuevas palabras filosóficas, que no se encuentran en el Nuevo Testamento. La definición del Concilio de Calcedonia (siglo V) tiene ciertamente una apariencia que, a primera vista, no se parece a su punto de inicio en el Nuevo Testamento (siglo I), pero creo que es posible concluir, como argumentaré más adelante, que estos resultados no son fruto de una especulación precipitada y aleatoria, sino del desarrollo conceptual, por más contraintuitivo que pueda parecer, de las implicaciones que brotan de la evidencia inicial.

2. *Desarrollos colaterales o más ejemplos que considerar*. La búsqueda por comprender requiere el desarrollo de una serie de conceptos interconectados que hagan justicia a la riqueza de la experiencia.

a) *Ondas*. El tema de cómo la comprensión conceptual crece históricamente, de manera que logra cambios significativos sin cortar su conexión con la experiencia inicial motivante, tiene tanto valor para mi propósito, que merece la pena considerar algunas ilustraciones más de este hecho, sacadas de desarrollos que están colateralmente relacionados con las preocupaciones principales de este libro. En el caso de la física, quiero recordar la teoría de las ondas como ejemplo instructivo.

A simple vista, las ondas eran fenómenos que podían ser percibidos directamente, por ejemplo, las olas del mar o las ondas de sonido inducidas por cuerdas vibrantes. En ambos casos, era claro que un medio material oscilante servía como portador de estas ondas. Por lo tanto, cuando en el siglo XIX, James Clerk Maxwell propuso su nueva comprensión del electromagnetismo para mostrar que la luz estaba hecha de ondas electromagnéticas, se supuso naturalmente que habría también un sustrato material que sirviera de medio portador de dichas ondas. De ahí el famoso postulado de la existencia del éter lumínico. Así, puesto que los cuerpos materiales parecen moverse libremente a través del éter, este tenía que ser sutil, si bien la naturaleza de las ondas que portaban mostraba que también debía ser extremadamente rígido. A nadie sorprendía que físicos de la época, como Lord Kelvin y el propio

Maxwell, se mostraran perplejos por esta extraña combinación de propiedades. Ambos intentaron concebir modelos mecánicos de un medio con estas características, en un esfuerzo por probar la consistencia del éter. Sus barrocas construcciones de ruedas dentro de ruedas no pretendían ser modelos realistas, sino más bien experimentos mentales que buscaban probar la credibilidad de un éter que era, al mismo tiempo, rígido y sutil. En 1887, la perplejidad creció aún más cuando el experimento Michelson-Morley, diseñado para medir la velocidad de la Tierra a través del éter, dio un resultado negativo.

Hubo que esperar a 1905 para que Albert Einstein cortara el nudo gordiano con su descubrimiento de la relatividad especial. Este nuevo enfoque abolía la necesidad del éter. Se reconoció que las ondas electromagnéticas tan sólo son eso, ondas de energía en campos electromagnéticos que oscilan.

En 1926, cuando la ecuación de Schrödinger se formuló como un nuevo tipo de ecuación de onda, la cuestión se suscitó una vez más: ¿ondas de qué? La predisposición inicial era sugerir que eran ondas de materia, pero pronto se hizo evidente que esto daría lugar a una descripción tan difusa del electrón que no sería compatible con su localización cuando era observado experimentalmente. Fue Max Born quien dio con la respuesta. Las ondas de Schrödinger eran ondas de probabilidad y las funciones de onda correspondientes son una representación de las potencialidades presentes en los inimaginables estados cuánticos asociados con el electrón.

Esta breve historia de la idea de onda muestra, por un lado, hasta qué punto es indispensable para la física teórica y, por otro, que su interpretación realista ha evolucionado desde una objetividad ingenua a una comprensión mucho más sutil, sin que en ningún momento haya dejado de funcionar como un medio para describir el modo en que el mundo físico se comporta realmente.

b) *Espíritu.* Una historia bastante similar puede narrarse en el caso de la idea teológica de Espíritu. Al inicio de la Biblia hebrea (Génesis 1, 2), el Espíritu de Dios se cierne sobre la faz de las aguas (¿o es un viento que procede de Dios, soplando sobre las aguas?; las palabras en hebreo pueden leerse de ambas maneras). Más adelante, tenemos la promesa de Dios de derramar su espíritu divino entre el pueblo (por ejemplo, Joel 3, 1-2); también que esta efusión se dará de manera concentrada sobre el Mesías (el ungido por Dios; así Isaías 61, 1). El Espíritu suele ser concebido por el Antiguo Testamento como un don de poder, a veces para fines muy específicos (así el relato de Betsalel y Oliab, que son capacitados para construir el arca y la tienda del encuentro en Éxodo 31, 1-11). En la predicación de Juan el Bautista –ya en el Nuevo Testamento–, una nueva nota suena cuando habla de uno que ha de venir y que bautizará en el Espíritu Santo (Marcos 1, 7-8 y paralelos). Los evangelios y la Iglesia primitiva identifican unánimemente a Jesús como el cumplimiento de esta profecía. En el libro de los Hechos, el Espíritu Santo da el poder necesario para dar valiente testimonio de Cristo (Hechos 1, 8), al tiempo que se relatan muchas historias de los signos y prodigios que acompañaron este don. En el evento fundacional de Pentecostés, Jesús resucitado y exaltado derrama el Espíritu (Hechos 2, 33). Un relato algo diferente de la acción del Espíritu puede encontrarse en los escritos paulinos: los dones concedidos por el Espíritu son diversos, distribuidos de diferentes maneras a distintos creyentes para variados fines (1 Corintios 12, 4-11), pero producen también el fruto único de una vida a imagen de Cristo (Gálatas 5, 22-23). Una noción meramente impersonal del Espíritu como poder se encuentra en la descripción profundamente personal que Pablo hace de la intercesión del Espíritu con gemidos inefables, en solidaridad con los dolores de parto de la Creación (Romanos 8, 26-27). Según el Apóstol, es Dios quien da el Espíritu (1 Corintios 2, 12, también en otros lugares), aunque recuerda que puede hablarse al mismo tiempo del Espíritu de Dios y del Espíritu de Cristo. En Juan, Jesús promete enviar un Abogado (Juan 16, 7-8: *Parakletos*, en castellano Paráclito); el evangelista también recuerda que el Padre enviará el Espíritu Santo en nombre de Jesús (Juan 14, 26).

No todo está aclarado y ordenado perfectamente en el Nuevo Testamento, pero es claro que su testimonio del Espíritu se concibe mayoritariamente con términos personales. A la Iglesia le llevó algún tiempo elaborar una doctrina razonable sobre esta cuestión. Hubo que esperar hasta el siglo IV para entender con suficiente claridad al Espíritu Santo como divinidad y como la tercera persona de la Trinidad, doctrina que se consideró definitiva en la comprensión de la Iglesia. Una vez más, vemos un movimiento desde una reificación comparativamente ingenua (episodio de Betsalel y Oliab) a una descripción repleta de complejidad y sutilezas con el fin de explicar una realidad profunda e insospechada.

3. *Modas y tendencias*. Las cuestiones que se consideran significativas y el estilo de pensamiento que se cree apropiado para responderlas, se encuentran bajo la influencia de actitudes intelectuales y culturales propias del momento histórico.

a) *Teoría cuántica relativista.* En una época concreta, la atención de los investigadores de una rama de la ciencia tiende a estar concentrada en un frente bastante estrecho. En parte, ello se debe a que las circunstancias del momento (el tenor de los descubrimientos recientes, lo que es accesible con los medios y técnicas experimentales existentes y el estado del desarrollo teórico) sugieren las cuestiones que pueden afrontarse con mayor probabilidad de éxito. Pero hay otro efecto, que surge de lo que atrapa el interés de la imaginación intelectual de los científicos de ese tiempo. La ciencia no es inmune a las modas y las tendencias imperantes, hasta el punto de que los factores sociológicos tienen sin duda su efecto, aunque sería una grosera exageración sugerir que determinan la naturaleza de las conclusiones a las que finalmente se llega. La consideración de lo que está de moda afectará sin duda a la dirección y ritmo del avance científico, a través de su influencia en lo que las instituciones perciben que es apropiado financiar y los científicos consideran más beneficioso para su carrera.

Voy a ilustrar estos efectos con un breve relato del desarrollo de la teoría cuántica relativista. El campo de investigación fue iniciado por Paul Dirac a finales de la década de 1920 gracias a su doble descubrimiento de la teoría cuántica de campos y su celebrada ecuación del electrón (que aparece inscrita en la placa conmemorativa de Dirac en la Abadía de Westminster). Pronto se llegó a la conclusión de que todas las ecuaciones cuánticas relativistas debían ser tratadas como teorías de campo. Cálculos iniciales, basados en aproximaciones bastante crudas, daban respuestas prometedoras, pues estaban de acuerdo con los experimentos según el nivel de exactitud entonces posible. Este éxito empírico, emparejado con la clarificación de la dualidad onda/partícula y la exitosa predicción de Dirac de la existencia de la antimateria, mostró claramente que los defensores de la teoría cuántica de campos habían dado con algo.

Sin embargo, cuando se intentaron realizar cálculos más refinados, en lugar de producir pequeñas correcciones, como era lo esperado, los resultados carecían por completo de sentido, ¡pues sus valores eran infinitos! Algo no cuadraba en absoluto. Como resultado, durante un tiempo se perdió el interés y la confianza en la teoría cuántica de campos, y dejó de haber progresos hasta el final de la Segunda Guerra Mundial. La generación posbélica de físicos encontró entonces un rodeo ingenioso, si bien algo retorcido, para intentar resolver el problema. En electrodinámica cuántica (la teoría de campo de la interacción de los electrones con los fotones, abreviado por sus siglas en inglés como QED), se descubrió que todos los infinitos podían aislarse en términos que contribuían sólo a la masa y carga del electrón. Si estas expresiones formalmente infinitas se reemplazaban con los valores finitos conocidos de estas constantes, el cálculo que resultaba no sólo no contenía cantidades infinitas, sino que concordaba con los resultados experimentales con una precisión asombrosa (¡las predicciones de la QED difieren de los valores medidos en menos que la relación entre el grosor de un pelo humano y la distancia entre Nueva York y Los Ángeles, o entre Madrid y Jerusalén!). Este procedimiento fue bautizado como «renormalización».

La teoría cuántica de campos recuperó su popularidad, pero de manera efímera. De hecho, cuando se intentaron aplicar las mismas técnicas a interacciones relacionadas con la fuerza nuclear fuerte, las respuestas no fueron satisfactorias. Los físicos comenzaron a cuestionar de nuevo todo el tema de la teoría de campos. La idea de «campo» está basada en la suposición de que se puede describir lo que sucede en todos los puntos del espacio y en todos los instantes del tiempo, pero lo que es posible en el laboratorio resulta muy limitado. La técnica básica que se usa es la dispersión, descrita simplemente en términos del estado que presentan las partículas antes de colisionar y cómo se dispersan después. Se propuso, por lo tanto, que aquellos campos se sustituyesen por una descripción menos prolija, que simplemente conectase los estados anterior y posterior a la interacción. El formalismo resultante se llamó Teoría de la matriz S («S» por *scattering*, la palabra inglesa para «dispersión»). Se sabía que ciertas propiedades matemáticas de las matrices S eran consecuencia de la mecánica cuántica relativista y se esperaba que estas propiedades proveyesen la base para una nueva formulación teórica. Parecía prometedor y muchos teóricos se dedicaron a esta línea de investigación. Al final, sin embargo, la teoría se complicó tanto, que simplemente colapsó bajo su propio peso.

Justo entonces comenzaron los desarrollos que iban a dar nueva vida a la teoría de campos. Los problemas con su aplicación habían aparecido, porque las fuerzas relevantes a las interacciones nucleares eran demasiado fuertes para que las técnicas de la QED pudieran funcionar. Se identificó entonces una nueva clase de teorías de campo, las llamadas teorías de campo de gauge, y se descubrió que había interacciones que se debilitaban al decrecer la distancia. Esto significaba que algunas de las viejas técnicas se podían usar, después de todo, para investigar la materia nuclear en ciertas circunstancias. La teoría de campos se convirtió de nuevo en el área en el que teóricos jóvenes y ambiciosos querían trabajar. Esta fase ha continuado hasta hoy, y todas las teorías actuales que se seleccionan para el estudio de la física de partículas son teorías de campo de gauge.

b) *El Jesús histórico y el Cristo de la fe.* Si en una materia comparativamente simple como la física influyen las modas y las tendencias, es esperable que también esto suceda en una disciplina como la teología, cuyo objeto es el elusivo abordaje de aspectos profundos y misteriosos de la realidad. Y así es. El éxito fluctuante de la teoría cuántica de campos tiene su contraparte teológica en el énfasis puesto por la cristología en la importancia de la investigación acerca del Jesús histórico.

El estudio histórico-crítico del material evangélico tiene su origen en las postrimerías del siglo XVIII bajo la influencia del espíritu de la Ilustración. Pero desde sus mismos inicios, las limitaciones de una aproximación reductivamente racional para abordar este material excepcional resultaron demasiado evidentes. La obra más significativa de Hermann S. Reimarus (1694-1768), que fue publicada póstumamente, mostró las deficiencias de un análisis reductivo. Este autor propuso la muy poco plausible sugerencia de que los discípulos robaron el cuerpo de Jesús e inventaron el relato de su resurrección con el fin de promover a su líder muerto como redentor espiritual. Según Reimarus, este engaño fue realizado con la intención de disfrazar el hecho de que Jesús había estado más preocupado con cuestiones nacionalistas que con materias religiosas. Una aversión a todo lo que sonase a milagro y un compromiso con un historicismo unidimensional, basado en el axioma según el cual aquello que sucede normalmente es lo que siempre sucede, caracterizó en buena medida este período inicial de la investigación moderna sobre el Jesús histórico. Puesto que esta aproximación ilustrada se basa en un alejamiento sin precedentes de la lectura precrítica de los evangelios, se la considera como «la primera investigación» del Jesús histórico. Quizás su exponente más notable fue David Friedrich Strauss, cuya influyente *Vida de Jesús* (1835) hace uso extensivo de la categoría de mito al explicar el contenido de los evangelios, en particular su elemento milagroso, al cual Strauss atribuía tan sólo un valor simbólico. Si uno entiende la categoría de mito correctamente, como relato que presenta una verdad tan profunda que su medio más poderoso de expresarlo es narrativo y no argumentativo, el concepto de mito no es necesariamente hostil a la fe cristiana. La cuestión decisiva es la relación entre mito e historia. Nadie cree hoy que los mitos griegos sean relatos de acontecimientos reales, pero la afirmación cristiana ortodoxa que quiero explorar y defender en este libro afirma que la narración de la vida, muerte y resurrección de Jesús es un mito realizado en la historia, un relato que no sólo es verdad simbólicamente, sino también históricamente, como componente central de la revelación de Dios en la historia. Los milagros, como la resurrección, pueden ser vistos como eventos únicos y sin precedentes que ocurrieron realmente en circunstancias únicas y sin precedentes.

La primera investigación del Jesús histórico concluyó con el siglo que la vio nacer, cuando las mareas de la moda cristológica comenzaron a fluir en otra dirección. En 1892, Martin Kähler escribió un importante libro, *El así llamado Jesús histórico y el Cristo bíblico de la historia*, donde distinguía entre el Jesús de la historia y el Cristo de la fe, sosteniendo que el verdadero sujeto de la fe cristiana era este último. Kähler hablaba del «Cristo bíblico, histórico», pero con esta expresión se estaba refiriendo a la figura proclamada en la Escritura y no a la persona cuyas palabras y hechos son históricamente accesibles a través de la Escritura. Uno podría comparar esta aproximación a la teoría de la matriz S, pues ambas coinciden en que su enfoque se limita a los resultados finales, sin investigar en detalle cómo se produjeron esos resultados. Consecuentemente, el foco de interés cambió: pasó de Jesús de Nazaret, que llegó incluso a pensarse como un individuo difuso y oculto entre las sombras de la historia, a la poderosa figura de Cristo, que era el sujeto de la predicación de la Iglesia en su proclamación del evangelio. No obstante, resulta difícilmente comprensible cómo pudo surgir esa figura del Cristo predicado, a menos que hubiera algo extraordinariamente impresionante y notable en el Galileo errante que conocieron aquellos discípulos que formaron la primera cohorte de proclamadores del mensaje cristiano.

Con todo, la denominada primera investigación recibió el golpe de gracia en 1906, cuando vio la luz el libro de Albert Schweitzer *Investigación del Jesús histórico*, que mostró cómo los relatos liberales del siglo XIX sobre el Jesús histórico habían sido fruto más de la influencia del espíritu de su tiempo que de considerar en serio a este judío del siglo I en sus propios términos[8]. Esta misma idea la expresó el escritor católico George Tyrrell cuando valoró, no sin ironía, la visión defendida por el gran historiador de la Iglesia protestante, Adolf Harnack, sobre esta cuestión: «El Cristo que Harnack ve, mirando hacia

8. Este libro llevaba como título original *De Reimarus a Wrede*, y como subtítulo *Una investigación del Jesús histórico*. El exegeta del Nuevo Testamento Wilhelm Wrede, basándose en su estudio sobre el llamado «secreto mesiánico» en Marcos, llegó a afirmar en 1901 que Jesús no creía ser el Mesías.

atrás a través de diecinueve siglos de oscuridad católica, es sólo el reflejo de un rostro protestante liberal, en el fondo de un profundo pozo».

Por su parte, Schweitzer puso mucho énfasis en la expectativa apocalíptica de Jesús. Según él, Jesús esperaba una inminente irrupción del Reino de Dios, que supondría el final de la historia, pero cuando Jesús fue consciente de que esa esperanza no se iba a cumplir, trató de forzar la mano a Dios a través de su autoinmolación. Creemos que, si bien es verdad que Jesús tuvo una concepción mucho más vigorosa del Reino de Dios que la que podía complacer a las expectativas liberales decimonónicas, lo que intentó Schweitzer fue una excesiva oscilación del péndulo en la dirección opuesta. Y es que Jesús se resiste a ser reducido a una categoría simplista, sea la de un maestro de moral o la de un profeta escatológico.

Rudolf Bultmann fue quizás el más influyente estudioso del Nuevo Testamento durante la primera mitad del siglo XX. Mantuvo una profunda desconfianza hacia lo que se podía saber históricamente de Jesús y fue escéptico ante cualquier afirmación de carácter milagroso. A su juicio, los evangelios debían ser desmitologizados si se pretendía que gozaran de estima en una época marcada por la ciencia. Lo importante sobre Jesús eran sus enseñanzas y no los detalles de su vida, que Bultmann veía improbable que se pudieran atestiguar históricamente. Según este autor, la importancia del Nuevo Testamento residía en promover el compromiso existencial con la figura de Cristo que emana del *kerygma*, es decir, de la predicación apostólica.

Pero el compromiso con una persona que no está anclada en la historia, porque es muy poco lo que puede saberse acerca de ella con seguridad, se convierte en algo ilusorio. A mi modo de ver, una evaluación positiva de la relación entre el Jesús de la historia y el Cristo de la fe constituye la base de una cristología creíble. Los cristianos no pueden contentarse con una figura puramente simbólica. La religión de la encarnación está ineludiblemente ligada a la cuestión de la realidad histórica de quien le dio origen. Precisamente porque vivimos en la era de la ciencia, no podemos quedar satisfechos con afirmaciones que no estén fundadas en una cuidadosa investigación de las motivaciones históricas que proporcionaron a la fe cristiana un significado unitario de Jesús. Tratarlo como una figura simbólicamente evocativa, pero históricamente incognoscible, es perder el contacto con su realidad. No resulta, pues, sorprendente que, en la segunda mitad del siglo XX, la tendencia cristológica cambiara de nuevo y, en mi opinión, a mejor. La «nueva investigación» en busca del Jesús histórico considera necesario comprender a Jesús dentro del contexto del judaísmo del siglo I en el que vivió[9]. Al igual que la física cuántica se vio obligada a buscar una comprensión más exacta y, en consecuencia, más iluminadora que la presentada por la oscura teoría de la matriz S, también la cristología ha tenido que volver a sus orígenes fundacionales y contar con la vida, muerte y resurrección de Jesús, el Mesías.

4. *El rol del individuo genial.* El avance en la comprensión debe mucho a las intuiciones de un reducido grupo de personas excepcionales.

a) *Los fundadores de la teoría cuántica.* Muchos desarrollos científicos son fruto de la labor de un ejército de investigadores, trabajadores honestos que explotan las oportunidades experimentales disponibles y sus implicaciones

9. Sobre mi punto de vista, cf. J. Polkinghorne, *La fe de un físico. Reflexiones teológicas de un pensador ascendente*, Estella 2007, cap. 4.

teóricas. Pero este reconocimiento no debe conducirnos a devaluar la importancia de las intuiciones logradas por un pequeño grupo de personas dotadas de un talento excepcional. Hay ciertamente algo de verdad en la imagen de ese «genio» de la historia científica, aunque no sea en toda la historia. Su valor se aprecia de manera especial en tiempos de grandes cambios en la comprensión de los procesos físicos, pues sus descubrimientos juegan un papel extraordinario en el avance de la ciencia. En el caso de la teoría cuántica, durante los años en los que se formó, allá por la década de 1920, las intuiciones excepcionales de Heisenberg, Schrödinger y Dirac pusieron las bases de la moderna teoría cuántica. Cada uno de ellos contribuyó con una particular perspectiva: Heisenberg se ocupó de las propiedades espectrales y descubrió el principio de incertidumbre; Schrödinger formuló una creativa descripción de las ondas cuánticas; Dirac descubrió la estructura matemática subyacente, basada en el principio de superposición. Cada uno de ellos se ganó un puesto de honor permanente en la historia de la ciencia. Por supuesto, los tiempos eran propicios para esos grandes descubrimientos, pero estos físicos geniales fueron capaces de aprovechar sus oportunidades de modo tan extraordinario que han dejado su huella en el pensamiento cuántico posterior.

b) *Intuición apostólica.* Siendo los escritos del Nuevo Testamento bastante variados, hay tres autores que destacan especialmente: Pablo, Juan y la persona desconocida que escribió la Carta a los hebreos. Cada uno de ellos insiste en temas diferentes: a Pablo le preocupa el pecado y la justificación, la ley y el evangelio; Juan subraya el amor de Dios y la idea de que la cruz de Jesús es el trono de la gloria; el autor de Hebreos describe la intercesión del Cristo exaltado, que «aprendió sufriendo a obedecer» (Hebreos 5, 8). La hondura de la reflexión teológica que se encuentra en estos escritos significa que todas las generaciones posteriores de teólogos han tenido que lidiar con ellos. Es muy sorprendente que la primera generación de cristianos produjera tres de las más grandes figuras de toda la historia del pensamiento teológico. Sus brillantes intuiciones han modelado de tal forma la teología cristiana, que el creyente no puede sino reconocer que en el uso de sus talentos actuaron bajo la inspiración providencial del Espíritu Santo. Por supuesto, los tiempos eran propicios para esos descubrimientos teológicos, pero estos teólogos geniales fueron capaces de aprovechar sus oportunidades de modo tan extraordinario que han dejado su huella en el pensamiento teológico posterior.

5. *Seguir viviendo con perplejidades sin resolver.* Aunque la intención última sea lograr un esquema de comprensión totalmente integrado, puede ser necesario conformarse con seguir viviendo sin que todos los problemas estén resueltos.

a) *Problemas cuánticos.* ¿Cómo emerge el mundo newtoniano, que es tan predecible según nuestra experiencia cotidiana, de su imprevisible sustrato cuántico? Cien años después del descubrimiento inicial de la moderna teoría cuántica[10], resulta embarazoso tener que admitir que no hay una respuesta universalmente aceptada a esta cuestión razonable.

En primer lugar, está la cuestión de la medida. Cuando un electrón que está en un estado que es una mezcla de

10. Cuando Polkinghorne publicó este libro en 2005, habían pasado ochenta años desde los inicios de la física cuántica. Así aparece en el texto original [N. del T.].

«estar aquí» y «estar allá» y es interrogado experimentalmente sobre dónde está, usando aparatos de medida clásicos disponibles en nuestro laboratorio, se obtiene una respuesta definida en cada ocasión, aunque no siempre la misma, pues algunas veces se encontrará «aquí» y otras «allá». La teoría posibilita calcular con impresionante precisión las probabilidades de obtener estas respuestas distintas, pero no puede explicar por qué se obtiene una respuesta específica en cada ocasión. Se han presentado varias propuestas incompatibles entre sí, ninguna plenamente satisfactoria[11].

Los dos grandes descubrimientos de física fundamental en el siglo XX son la teoría cuántica y la relatividad general. El intento de combinar ambas teorías conduce a resultados absurdos. La propuesta actual para remediar esta contradicción es la teoría de supercuerdas. Sus ideas son ingeniosas, pero esta aproximación depende de descubrir cómo funciona la física en regímenes cuya escala es dieciséis órdenes de magnitud inferior a lo que es accesible para nuestro conocimiento experimental hoy. Muchos dudan de la factibilidad de este ambicioso proyecto.

La teoría cuántica microscópica y la teoría del caos macroscópica convergen de manera imperfecta. La extrema sensibilidad de los sistemas caóticos significa que su comportamiento depende de los más finos detalles de las condiciones de entorno, a los que no se puede acceder según el principio de incertidumbre de la mecánica cuántica. Sin embargo, su mutua incompatibilidad hace imposible una síntesis de ambas teorías. La teoría cuántica tiene una escala (determinada por la constante de Planck), pero el ca-

11. Cf., por ejemplo, J. Polkinghorne, *Quantum Theory: A Very Short Introduction*, Oxford 2002, 44-46.

rácter fractal de las dinámicas caóticas significa que estas no dependen de la escala. Teoría del caos y teoría cuántica no encajan entre sí.

Nadie se alegra de estas perplejidades en física, y todos los físicos esperan su resolución. Mientras tanto, la búsqueda por comprender no está en vía muerta. Los científicos pueden seguir trabajando con un conocimiento parcial y un cierto grado de incerteza intelectual.

b) *El problema del mal.* No existe una cuestión más desconcertante para la teología que el problema del mal y el sufrimiento. Puede formularse concisamente así: Y si Dios es al mismo tiempo bueno y todopoderoso, ¿de dónde proceden las enfermedades y desastres naturales, las crueldades y abandonos que observamos en la Creación? Si Dios es bueno, estos males deberían haber sido eliminados. Si Dios es todopoderoso, su poder divino bastaría para eliminarlos. Después de un siglo con dos guerras mundiales, el Holocausto y terribles genocidios, después de numerosos desastres naturales, este problema es una pesada losa sobre el pensamiento cristiano contemporáneo.

Sin menoscabar la bondad divina, parte de la respuesta se está buscando en un cuidadoso análisis de lo que significa que Dios sea «todopoderoso». En absoluto se trata de que Dios pueda hacer lo que quiera; de hecho, el Dios racional no puede decretar que dos más dos sean cinco, como tampoco puede el Dios bueno hacer actos malos. «Todopoderoso» significa que, aunque Dios puede hacer lo que quiera, sólo *hará lo que está de acuerdo con su naturaleza divina*. Los cristianos creemos que Dios es amor. El Dios del amor no puede ser un tirano cósmico, cuya Creación sea sólo un teatro de marionetas que se mueven según su voluntad. El amor desea que lo amado tenga algún tipo de independencia. Esto nos lleva a la afirmación teológica –coincidente con una profunda intuición humana– de que un mundo de seres que pueden elegir libremente es mejor que uno poblado por autómatas perfectamente programados. Esto es así incluso si el libre albedrío lleva a veces a consecuencias horribles, permitidas, aunque no positivamente deseadas, por el Creador. Es verdad que no podemos hacer esta última aserción sin que nos tiemble la voz, pero creo, no obstante, que es verdad. Nos permite una cierta intuición sobre la existencia del mal moral, las crueldades intencionadas y los despropósitos humanos.

¿Pero qué pasa con el mal físico, la enfermedad y los desastres naturales? Estos males sí parecen ser claramente responsabilidad del Creador. Sugiero que se podría hablar de un «argumento del libre proceso», análogo al «argumento del libre albedrío», que acabamos de exponer. A todas las partes del orden creado se les permite actuar según sus variadas naturalezas, siendo ellas mismas y haciéndose ellas mismas, según la potencia evolutiva con la que el Universo ha sido dotado. En un mundo no mágico (y el mundo no es mágico porque su Creador no es un mago caprichoso), este proceso, que por una parte resulta fructífero, tendrá un inevitable lado oscuro. Algunas mutaciones genéticas producirán nuevas formas de vida, pero otras darán lugar a enfermedades malignas. Las placas tectónicas harán emerger recursos minerales que renueven la superficie de la Tierra, pero también producirán terremotos y tsunamis.

Se trata de respuestas difíciles a cuestiones profundas y arduas, pero creo que contienen intuiciones verdaderas. Sugieren que los males del mundo no son gratuitos, algo que un Creador más competente o menos insensible habría podido eliminar fácilmente. No destierran toda perplejidad, pero pienso que estas ideas teológicas ofrecen algo de ayuda ante el problema del sufrimiento. La teología cristiana, además, añade un nivel superior de intuición, más profunda y existencialmente relevante, que la discusión intelectual que hemos seguido hasta aquí. El Dios cristiano es mucho más que un espectador compasivo de los dolores de parto de la Creación, que contempla los sufrimientos de la tierra desde la invulnerabilidad de su reino celeste. Los cristianos creemos que, en Cristo, particularmente en su cruz, vemos a Dios compartiendo los sufrimientos de la vida humana y su amargura, hasta el punto de padecer una muerte dolorosa y humillante, experimentada en oscuridad y rechazo. El Dios cristiano es el Dios crucificado, un verdadero compañero en el sufrimiento, que comparte nuestro dolor. Esta intuición toca el problema del sufrimiento en el nivel más profundo posible[12].

12. Sobre la cuestión del mal, cf. J. Polkinghorne, *Explorar la realidad. La interrelación de ciencia y religión*, Maliaño 2007, cap. 8.

4
EXPLORACIÓN CONCEPTUAL

El pensador ascendente busca moverse desde la experiencia hasta la comprensión. Las categorías empleadas en los estadios iniciales de una investigación apenas pueden parecer una sistematización de la evidencia básica; sin embargo, la reflexión posterior puede conducir a la formulación de ideas más generales y profundas. Por esta vía, es posible alcanzar una comprensión que va más allá de la mera coincidencia con los datos particulares, ya que se logran intuiciones más profundas que iluminan el carácter de lo que realmente sucede. Tanto en ciencia como en teología, en la exploración y clarificación de las posibilidades conceptuales, se avanza normalmente paso a paso, de manera incremental.

1. *Desarrollo teórico progresivo.* La continua exploración conceptual se caracteriza por su creciente sutileza y profundidad.

a) *De los modelos a la teoría.* La primera exploración de un nuevo régimen físico toma a menudo la forma de lo que los físicos llaman «fenomenología», un trabajo teórico que está en conexión con los datos experimentales. Una cierta intuición de lo que está sucediendo puede obtenerse mediante la construcción de toscos modelos que den cuenta de los estados o procesos investigados. Estos modelos buscan incorporar lo que parecen ser los principales factores que controlan los fenómenos estudiados. Los datos se ensamblan en lo que se considera una construcción *ad hoc*, de alcance limitado. Factores que no se creen relevantes para la cuestión específicamente investigada se desprecian, pues no se pretende que el modelo así construido sea una descripción totalmente adecuada del sistema estudiado. Estos modelos sirven solamente para propósitos limitados. Por ejemplo, la descripción que hizo Einstein del efecto fotoeléctrico demostró que la luz se comporta como una partícula, pero no podía explicar que, en otras circunstancias, presentaba las propiedades de una onda. El modelo de Bohr del átomo de hidrógeno simplemente añadió una regla *ad hoc* (la cuantización del momento angular) a una descripción por lo demás newtoniana. El motivo es que no aspiran a un rigor ontológico; ahora bien, el hecho de emplear simultáneamente una variedad mutuamente incompatible de modelos pretende lograr una cierta visión de los distintos aspectos del comportamiento de una misma entidad física. Así, en los primeros días de la física nuclear, los científicos usaron un modelo del núcleo atómico como una neblinosa bola de cristal para interpretar los resultados de los experimentos de dispersión, un modelo de gota líquida para explorar la fisión nuclear y un modelo de partículas independientes (tratando el núcleo atómico de manera análoga al átomo en su conjunto) para comprender algo de lo que sucedía cuando el núcleo presentaba niveles energéticos alterados.

Los modelos son, ciertamente, útiles para obtener un cierto grado de comprensión, pero los físicos no pueden contentarse durante mucho tiempo con un bloque de imágenes contradictorias de lo que están investigando. Hay que buscar una descripción más integrada. Un inventario de modelos necesita ser reemplazado por una única teoría que los abarque, una descripción con pretensiones razonables de ser tomada con seriedad ontológica como relato verosímil de lo que está sucediendo, al menos en un cierto nivel de detalle. El logro de tal comprensión teórica puede llegar de diversas maneras.

En ocasiones, una nueva intuición llega repentinamente, como cuando la moderna teoría cuántica apareció totalmente articulada en aquellos *anni mirabiles* de 1925-1926. Sin embargo, el desarrollo teórico es a menudo más lento, pasando a través de una sucesión de estadios. Avances de este tipo se despliegan en modos complejos y entrelazados. Los primeros intentos de encontrar una teoría de las propiedades nucleares procedieron a través de la construcción de un potencial equivalente como modo de describir las fuerzas en juego. Se trataba de una especie de aproximación híbrida, una parada intermedia en el camino hacia una descripción totalmente cuántica. Era, ciertamente, una estrategia bastante conservadora, pues la idea de potencial es originalmente un concepto que pertenece a la física clásica. Lo que podía esperarse de una aproximación como esta es que tuviera una validez provisional hasta que llegara algo mejor. Un tratamiento más exacto requeriría finalmente el uso de la teoría cuántica de campos para describir los procesos nucleares, una aproximación que se basa en una idea totalmente diferente de interacción, donde las fuerzas son generadas por el intercambio de excitaciones en los campos, transfiriendo energía por medio de las llamadas «partículas virtuales». Los tipos de campos que necesitaban ser considerados dependían asimismo de procesos que estaban siendo investigados. Si las energías implicadas no eran demasiado altas, bastaba trabajar con campos que se correspondían directamente con las partículas directamente observadas, tales como nucleones y mesones. Sin embargo, una teoría adecuada para las interacciones de energías extremadamente altas requeriría tomar en consideración estructuras subyacentes más profundas. Por ejemplo, se cree que colisiones de muy alta energía entre núcleos pueden generar, en ciertas circunstancias, un plasma gluon-cuark. La comprensión de este fenómeno requiere una teoría de campo de los cuarks llamada «cromodinámica cuántica».

Los detalles son demasiado técnicos para ser discutidos en un libro como este. Con todo, la lección esencial debería quedar clara. La exploración conceptual procede a través de pasos progresivos en profundidad y generalidad. A cada nivel, se ha de mantener contacto con las pruebas motivadoras, al mismo tiempo que se inventan nuevos conceptos que permiten conseguir mayor amplitud y hondura en la capacidad de explicar los fenómenos. Para cada aspecto de la realidad que está siendo investigado, existe un nivel adecuado de generalidad y profundidad capaz de producir intuiciones fructíferas. No sería una estrategia efectiva pretender derivar las propiedades de las excitaciones de bajo nivel de los núcleos mediante la cromodinámica cuántica, y mucho menos mediante la teoría de cuerdas, suponiendo que esta resulte ser, definitivamente, una descripción fundamental más profunda.

Si bien son los experimentos los que a menudo impulsan el progreso de la física, a veces los avances llegan de la mano de una profunda reevaluación de las categorías fundamentales, como en el caso del descubrimiento de los cuarks. También una reevaluación condujo a los grandes descubrimientos de Einstein en la teoría de la relatividad, que surgieron de su profunda reconsideración conceptual del espacio, el tiempo y la gravedad.

b) *Exploración cristológica.* El pensamiento teológico, y en particular la cristología, que se ocupa de la naturaleza y significado de Jesucristo, ha desplegado una similar dualidad en sus avances[1]. Por un lado, tenemos cristologías ascendentes, cuyo punto de partida es la vida humana de Jesús. A partir del estudio del Jesús terreno, se llega a la necesidad de reconocer alguna forma de dimensión divina en su persona que haga justicia a la totalidad de la experiencia cristiana. Por otro lado, existen cristologías descendentes, cuya argumentación se basa en la convicción joánica de que la Palabra divina se hizo carne (Juan 1, 14); desde este presupuesto se busca explorar cómo el concepto de asunción de la naturaleza humana por la segunda persona de la Trinidad puede ser formulada consistentemente. En los primeros siglos de la reflexión cristiana, el primer tipo de aproximación estuvo particularmente asociado a los pensadores de Antioquía, mientras que el segundo estaba relacionado con pensadores de Alejandría. Es evidente que alguien cuya formación intelectual sea científica se sienta más cómodo con los antioquenos que con los alejandrinos. Por esta razón, prefiero una cristología ascendente como guía de mi investigación.

Algunas de las pruebas sobre las cuales ha de fundamentarse una cristología ascendente han sido ya consideradas. En particular, la cuestión de la resurrección es claramente central. Convengo con Gerald O'Collins en que «la resurrección de Jesús crucificado debe ser la pista interpretativa primaria de la cristología»[2]. No obstante, aunque la resurrección apunte sin duda a algo absolutamente único

1. Puede consultarse con fruto R. E. Brown, *Introducción a la cristología del Nuevo Testamento*, Salamanca 2001; G. O'Collins, *Christology*, Oxford 1995.
2. G. O'Collins, *Christology*, 16.

en la persona de Jesús, no establece, por sí misma, su divinidad. El Nuevo Testamento ve la resurrección como una gran vindicación de Dios y no como el milagro definitivo realizado por Jesús (así Romanos 1, 3; 1 Corintios 15, 4, que usan la voz pasiva, pero nótese también que en Juan 10, 18, Jesús proclama: «Tengo el poder de entregar mi vida y tengo el poder de recuperarla. Este mandato he recibido de mi Padre»).

El tema del estatus único de Jesús encuentra confirmación en otros lugares de los evangelios. A diferencia de las figuras proféticas del pasado, Jesús no se limita a proclamar un mensaje recibido de Dios, sino que también habla muy directamente con su propia autoridad. Su forma característica de expresarse no es «Así dice el Señor...», sino «Habéis oído que se dijo a los antiguos [es decir, por Dios a Moisés en el Monte Sinaí]..., pero yo os digo» (Mateo 5). Cuando Jesús cura, lo hace generalmente con sus palabras, que son directamente eficaces, y no mediante una invocación a la asistencia divina. También ejerce la divina prerrogativa de perdonar pecados en modos que ofendían a algunos de sus contemporáneos (Marcos 2, 5-7).

Dos temas fundamentales para Juan se encuentran, si bien expresados de forma menos radical, en otros evangelios. Uno es el modo en que Jesús subraya el significado de cómo hombres y mujeres se relacionan personalmente con él. En Juan esto queda claramente expresado en la gran secuencia de los dichos «Yo soy»: «el pan de vida» (6, 14); «la luz del mundo» (8, 12), etc. Por su parte, los evangelios sinópticos son más comedidos en su lenguaje, pero la misma noción de un significado personal único está presente, por ejemplo, cuando Jesús dice a sus discípulos: «El que me acoge a mí, no me acoge a mí, sino al que me ha enviado» (Marcos 9, 37 y paralelos), o cuando habla el idioma de la Sabiduría celestial, proclamando: «Venid a mí todos los que estáis cansados y agobiados, y yo os aliviaré» (Mateo 11, 28). En la última cena, Jesús asegura que el pan y el vino son su cuerpo y su sangre, y que la repetición de este rito se ha de hacer en memoria suya (Marcos 14, 22-25 y paralelos; 1 Corintios 11, 23-26). Tales palabras, o son extraordinariamente narcisistas, o son la clave para la verdad de la cuestión.

Un segundo tema joánico es que Jesús no está simplemente a merced de las circunstancias, sino que mantiene el control de las circunstancias de su vida mediante actos de aceptación voluntaria (así Juan 10, 17-18). Su contraparte sinóptica es la triple predicción de su inminente pasión (Marcos 8, 31; 9, 31; 10, 33-34, y paralelos), que pone de manifiesto que Jesús sabía y aceptaba lo que le iba a suceder cuando llegase a Jerusalén. Muchos estudiosos han considerado estas predicciones como «profecías» *ex eventu*, insertadas por los evangelistas tras la muerte de Jesús; personalmente, no estoy de acuerdo con esta opinión. No hay duda de que las palabras exactas han sido influenciadas por el conocimiento subsiguiente de los eventos, pero es bastante plausible que Jesús fuera a Jerusalén aquella última vez con la conciencia clara de que había una fuerte oposición contra él por parte de las autoridades religiosas y civiles, y se preparó para poner su destino en manos de Dios, su Padre. Creo que las predicciones nos muestran que aceptó el resultado de lo que siguió y que confió a Dios su vindicación definitiva. O'Collins argumenta convincentemente que las predicciones de la pasión provienen de Jesús mismo, cuando apunta que no contienen ninguna glosa interpretativa que explique el porqué de esos eventos, que sucedieron «por nosotros y nuestra salvación» –algo que se podría esperar si fueran una creación de la Iglesia primitiva–[3].

Hay una última cuestión, planteada por John Robinson, que debemos tener en cuenta acerca de Jesús. Robinson apunta que «los evangelios no adscriben a Jesús ninguna conciencia de pecado o culpa», en llamativo contrate con la conciencia de pecado que ha caracterizado a los grandes santos cristianos, desde san Pablo en adelante (por ejemplo, Romanos 7, 21-24). Robinson lo califica de «omisión asombrosa»[4]. No es una prueba definitiva de la creencia de la Iglesia en que Jesús fue el único que vivió una existencia sin pecado, pero ciertamente es consistente con ella.

Al reflexionar sobre el significado de la vida, muerte y resurrección de Jesús de Nazaret, los primeros cristianos escudriñaron las Escrituras hebreas en busca de recursos interpretativos que les ayudasen a dar sentido a sus experiencias. La plétora de títulos que fueron asociados con Jesús, tanto durante su vida como en las primeras décadas de la historia de la Iglesia, son las contrapartes cristológicas del uso fenomenológico de modelos en física. «Hijo de hombre», «Cristo», «Hijo de Dios», «Señor», «segundo Adán», «Sabiduría» son modos de explorar aspectos de la experiencia fundacional cristiana considerados a la luz de las esperanzas y expectativas del Antiguo Testamento. Apuntan a Jesús como el realizador de un papel único en los propósitos salvíficos de Dios, pero no presentan una descripción coherente y elaborada de la identidad de Jesús y de cómo realizó la redención. Además, otros aspectos de la comprensión eclesial de la vida y enseñanzas de Jesús

3. *Ibid.*, 71-72.
4. J. A. T. Robinson, *The Human Face of God*, London 1972, 97.

no parecían tener una clara anticipación en las esperanzas de Israel. A pesar de que las Escrituras hebreas contienen numerosas referencias a la redención del pecado y del mal, al significado de la ofrenda sacrificial y a la expectación de una nueva alianza de misericordia y paz con Dios escrita en el corazón humano, el énfasis del Nuevo Testamento en el tema de la reconciliación (Romanos 5, 10-11; 2 Corintios 5, 18-20) propone algo novedoso. Según O'Collins, la reconciliación «está prácticamente sola en el Nuevo Testamento, puesto que no está directamente enraizada en el judaísmo precristiano»[5]. Por su parte, el erudito judío Claude Montefiore destaca en las enseñanzas de Jesús otro elemento que no tiene precedente en el testimonio de los profetas. Se trata de la imagen del Pastor divino que no sólo acoge a los que se vuelven hacia Dios en penitencia, sino que sale activamente al desierto para buscar la oveja perdida (Mateo 18, 12-14; no obstante, puede verse Ezequiel 34, 11-12)[6].

Con todo, el desacuerdo más llamativo entre la historia de Jesús y las expectativas judías acerca del Mesías es su pasión y muerte en cruz en un aparente abandono de Dios. A pesar de que los cristianos hicieron uso muy pronto de la figura del siervo sufriente retratado por Isaías (55, 1-12; asimismo 50, 4-9) como recurso para comprender la pasión de Cristo, ni la pasión ni la cruz formaban parte de la expectativa mesiánica judía.

Como en física, también en cristología, un inventario de modelos diferentes no podía resultar satisfactorio durante mucho tiempo. Pronto comenzó una tarea más ambiciosa de búsqueda de un marco teórico que acomodara

5. G. O'Collins, *Christology*, 45.
6. Citado en D. M. Baillie, *God Was in Christ*, London 1961, 63.

estas intuiciones en una unidad más coherente. De una manera análoga a lo que hemos visto en física, intentos iniciales de construir teorías cristológicas tendieron a ser algo conservadoras, no alejándose demasiado de las expectativas previas, lo que las llevó al fracaso, sin hacer plena justicia a la novedad y excepcionalidad de Jesucristo. Un intento temprano fue el «adopcionismo». Jesús era descrito como un ser humano extraordinariamente abierto a la voluntad de Dios, que fue consecuentemente adoptado en un momento dado como Hijo de su Padre celestial y exaltado al cumplir un papel único en el plan divino de salvación. Este tipo de comprensión parece subyacer en el primer sermón público cristiano, pronunciado por Pedro el día de Pentecostés según el relato de Hechos de los apóstoles. Pedro concluye su discurso a la multitud con estas palabras:

> A este Jesús Dios lo ha resucitado, y de ello somos testigos todos nosotros. El poder de Dios lo ha exaltado, y él, habiendo recibido del Padre el Espíritu Santo prometido, lo ha derramado, como estáis viendo y oyendo. [...] Así pues, que todos los israelitas tengan la certeza de que Dios ha constituido Señor y Mesías a este Jesús, a quien vosotros crucificasteis (Hechos 2, 32-33.36).

Este discurso identifica la resurrección como el momento de la adopción, si bien otros consideraban que ese momento fue cuando la voz del cielo se dirigió a Jesús en el bautismo llamándole «hijo» (Marcos 1, 11 y paralelos), y otros más que fue en su nacimiento. El adopcionismo tiene también partidarios modernos[7], en cristologías que presentan a Jesús como un ser humano totalmente dirigi-

7. Por ejemplo, J. Knox, *The Humanity and Divinity of Christ*, Cambridge 1967.

do por el Espíritu, diferente de nosotros en grado, pero no en naturaleza. Sea como fuere, la corriente principal del pensamiento cristiano consideró muy pronto al adopcionismo como inadecuado. Una dificultad era que parecía describir la relación de Dios con Jesús hasta cierto punto como oportunista, un negocio divino basado en la afortunada existencia de un hombre digno de exaltación. Si la vida, muerte y resurrección de Jesús debía tener la significación que el Nuevo Testamento y la experiencia cristiana posterior le atribuían, entonces tenía que haber sido de Dios desde el inicio. La comprensión lucana –que el nacimiento de Jesús fue el resultado de la combinación de la acción divina y de la obediencia de María (Lucas 1, 30-35)– testimonia precisamente este mensaje de la iniciativa excepcional de Dios en el origen de Jesús.

En el Nuevo Testamento, el modo más característico de expresar la intención de Dios respecto de Jesucristo es con el término *enviar* a su Hijo (por ejemplo, Marcos 9, 37; Romanos 8, 3; Gálatas 4, 4). Pero ¿cómo entender este concepto?, ¿debe pensarse en términos de una predestinación divina, según la cual debería surgir en la historia tal persona humana, o reclama un sentido mucho más fuerte, en el sentido de que un ser preexistente asume una vida humana concreta? Esta última opción parece ser la interpretación más natural, si bien más misteriosa. Ciertamente, para cuando fue escrito el evangelio de Juan, este modo de pensar se expresaba ya con toda su fuerza. En Juan, Jesús habla repetidamente de sí mismo como el que ha sido enviado por el Padre (4, 34; 5, 23-24, etc.), y en el prólogo del cuarto evangelio se asegura que la Palabra divina, que existía desde el principio, se hizo carne y habitó entre nosotros (1, 1.14). La epístola a los Hebreos (1, 1-4) habla de algo bastante similar, expresado en un idioma muy diferente. Una cuestión central en cristología es qué sentido tiene verdaderamente la idea de la encarnación del Hijo preexistente, la asunción por la Palabra infinita de una humanidad finita.

La primera respuesta a la necesidad de asignar un estatus único a Jesús tomó una forma que, de hecho, se oponía a la idea de que Jesús hubiera asumido la humanidad. La teoría llamada «docetismo» suponía que Jesús era realmente un ser espiritual que tan sólo aparentaba ser humano. Esta herejía cristiana fue rechazada intelectualmente muy pronto, si bien tenemos que admitir que una buena parte de la piedad cristiana popular ha tendido a ser algo doceta en su reticencia a adscribir a Jesús ninguna de las limitaciones necesariamente asociadas a una vida verdaderamente humana. En ocasiones se le ha asignado una velada forma de conocimiento suprahumano, como si este galileo del siglo I debiera haber tenido conocimientos de teoría cuántica. Por supuesto, la Palabra por quien todas las cosas fueron hechas debe conocer la verdadera naturaleza de la física, pero si la Palabra tomó realmente carne, debió también haberse vaciado de la omnisciencia divina para abrazar la finitud humana. Esta última intuición se llama «cristología kenótica», derivada de la palabra griega *kénosis*, que significa «vaciamiento», y está inspirada en un pasaje de la Carta a los filipenses en el que Pablo habla de Cristo como «quien, siendo de condición divina, no consideró su igualdad con Dios algo de lo que beneficiarse, sino que se *vació* (*ekenosen*), tomando la condición de esclavo, haciéndose semejante a los humanos» (Filipenses 2, 5-11). En los evangelios, Jesús es retratado como alguien que afronta los ambiguos conflictos del deber que ninguna persona humana puede totalmente evitar, tanto con respecto a su familia (Marcos 3, 31-34) como con respecto al alcance de su misión (Marcos 7, 24-30). Los escritos joánicos, a pesar de su alta cristología, insisten en la realidad de la Palabra hecha *carne*, al tiempo que afirman que «todo espíritu que confiesa a Jesucristo venido en carne es de Dios; y todo espíritu que no confiesa a Jesús no es de Dios» (1 Juan 4, 2-3).

Una importante cuestión teológica está aquí en juego. He sugerido antes que la obra de Cristo (que consistió en traer salvación y nueva vida a la humanidad) es una clave esencial para comprender la naturaleza de Cristo. Desde el inicio se reconoció que este papel salvífico depende críticamente de la solidaridad de Jesús con la humanidad, de modo que él sea verdaderamente uno de nosotros y, por lo tanto, relevante para nosotros; asimismo, se requiere también que él sea una presencia única y excepcional de vida divina, pues sólo Dios es lo suficientemente poderoso para derrotar el pecado humano y superar la alienación de nuestro ser. En el siglo II, Ireneo de Lyon lo expresó con toda claridad:

> Si un ser humano no hubiera vencido al enemigo de la humanidad, el enemigo no habría sido vencido justamente. Por otro lado, si no hubiera sido Dios quien nos diera la salvación, no la habríamos recibido permanentemente. Si el ser humano no hubiera estado unido a Dios, no hubiera podido compartir la incorruptibilidad. De hecho, el Mediador entre Dios y los humanos, gracias a su relación con los dos, trajo a ambos amistad y concordia, al lograr que Dios asumiese nuestra humanidad y los humanos nos ofrezcamos a Dios[8].

Un autor contemporáneo, John Knox, ha argumentado de modo similar cuando escribe: «¿Cómo hubiera podido

8. Citado en G. O'Collins, *Christology*, 155.

Cristo salvarnos si no hubiera sido humano como nosotros? ¿Cómo pudo un humano como nosotros salvarnos?» –y continúa preguntándose– «¿Quién habría podido salvarnos sino Dios mismo? ¿Cómo podía salvarnos sino a través de un ser humano como nosotros?»[9]. Una respuesta satisfactoria a estas preguntas exige alguna forma de convergencia de la divinidad y la humanidad en Jesús.

Estas consideraciones teológicas, junto con la presión general sentida por la Iglesia desde sus primeros tiempos de tener que recurrir a un lenguaje tanto humano como divino para hablar adecuadamente de Jesús, constituyen las motivaciones que condujeron al pensamiento cristiano a su continua exploración de cómo concebir la relación entre Jesús y su Padre celestial. Knox resume estas cuestiones cuando escribe: «Jesús era recordado como hombre y, al mismo tiempo, en él era reconocido el Señor celestial. La raíz del problema de la cristología está implícita en este hecho»[10].

Hay un segundo punto teológico importante en juego, aunque su significado central sólo llegara a ser apreciado totalmente en el siglo XX. Después del Holocausto, los teólogos vinieron a darse cuenta con mayor claridad que el problema del sufrimiento del mundo exige que Dios sea algo más que un espectador distante, aunque compasivo, en el dolor de parto de la Creación. Dios tiene que compartir verdaderamente el dolor del mundo. Ya hemos comentado cómo el concepto de un Dios crucificado, que participa del sufrimiento de Cristo en la cruz, juega una parte importante en los esfuerzos teológicos contemporáneos ante la perplejidad del mal. Explorar cómo Dios

9. J. Knox, *Humanity and Divinity of Christ*, Cambridge 1967, 52 y 92.
10. *Ibid.*, p. VIII.

comparte la oscuridad del sufrimiento y de la muerte es la respuesta más profunda posible a la tarea de comprender la extrañeza de la Creación[11]. La cruz y la resurrección juntas son la afirmación última y el fundamento de nuestra esperanza de que la última palabra no la tendrán las fuerzas del mal, sino Dios, que participa plenamente en el sufrimiento de la Creación y la redime. Esta profunda intuición requiere que Dios esté verdaderamente «en Cristo» (2 Corintios 5, 19) como un gran acto de solidaridad y rescate. Sólo una cristología que incorpore plenamente la idea de encarnación puede alcanzar la profundidad que la respuesta divina al sufrimiento requiere.

El siguiente gran intento de teorización cristológica surgió durante el siglo IV. Se trataba de hallar una posición intermedia entre la humanidad y la divinidad a la hora de pensar la naturaleza de Cristo. El arrianismo concebía a Cristo como la primera de las criaturas, Hijo de Dios en un sentido subordinado, que cumplía el papel de mediador entre el Creador y el resto de sus criaturas. En apoyo de esta tesis, invocaba textos como Juan 14, 28: «El Padre es mayor que yo», que otros interpretaban como la aceptación kenótica de Jesús de las necesarias limitaciones que conlleva una vida verdaderamente humana; y Colosenses 1, 15: «Primogénito de toda criatura», que quienes se oponían a los arrianos consideraban sólo como una manera de hablar para enfatizar la suprema significación de Cristo en relación con el orden creado.

Durante un tiempo, el arrianismo se difundió rápidamente por el mundo cristiano, aunque siempre tuvo vigorosos opositores como Atanasio de Alejandría. Al final, sin embargo, los arrianos fueron derrotados. El gran fallo

11. P. Fiddes, *The Creative Suffering of God*, Oxford 1988.

de su cristología era que rompía la conexión salvífica entre la vida de Dios y la vida humana. Una especie de semidios no parecía estar ni suficientemente relacionado con la humanidad para ser relevante frente a las necesidades humanas, ni suficientemente relacionado con Dios para traer una salvación que sólo un poder verdaderamente divino podía realizar. La derrota formal de los arrianos llegó en el año 325 en el Concilio de Nicea, que afirmó la divinidad de Cristo y proclamó que era de la «misma naturaleza» que el Padre.

Pero los debates y desacuerdos continuaron en la comunidad cristiana durante gran parte del siglo IV, hasta que las cosas se clarificaron todavía más en un segundo concilio, celebrado en Constantinopla el año 381. La palabra griega que se había usado para afirmar la unidad en la esencia divina del Padre y el Hijo era *homoousios*, que significa «de la misma sustancia». Contrasta con una palabra teológicamente distinta que se aproxima bastante: *homoioousios*, y significa «de similar sustancia», que algunos (los llamados semi-arrianos) preferían para mantener una clara diferencia entre el Padre y el Hijo, pero que fue considerada por la mayoría como inadecuada. Algunos estaban preocupados por el uso de un término filosófico como *homoousios*, que no aparece en el Nuevo Testamento. El hecho es que los teólogos habían considerado necesario ir más allá del lenguaje bíblico, anclado en la experiencia directa, y adoptar un tono más filosófico de discurso si había que hacer justicia a la profundidad de lo que estaban luchando por comprender. De manera parecida, el lenguaje de la teoría física (campos cuánticos, cuerdas) también ha tenido que ir más allá del discurso fenomenológico de las observaciones experimentales directas (niveles de energía, multipletes).

Aunque el Credo surgido de Nicea y ampliado en Constantinopla afirmaba la divinidad de Cristo, era igualmente claro e insistente en afirmar su verdadera humanidad, aseverando que «se hizo hombre». Ambas mitades de la dualidad soteriológica –humanidad y divinidad– se consideraban esenciales para un pensamiento cristológico adecuado. Todo subsiguiente debate ortodoxo (es decir, percibido por la Iglesia como coherente con el testimonio escriturístico y eclesial) tenía que vérselas con la paradoja de cómo la divinidad infinita y la humanidad finita podían estar simultáneamente presentes en una misma persona.

Fueron varios los intentos teóricos para afrontar este problema, que finalmente no parecieron aceptables. El apolinarismo sugirió que la Palabra divina había asumido el lugar del alma humana en Cristo, pero se consideró que esto no mantenía adecuadamente la plena humanidad de Jesús. Los seguidores de Nestorio intentaron situar la divinidad y la humanidad una junto a la otra, prácticamente independientes, de modo que cuando Jesús se encontró con la samaritana junto al pozo, su humanidad estaba sedienta y cansada, pero fue su divinidad quien discernió la historia pasada de aquella mujer (Juan 4, 5-26). Esta posición fue rechazada, porque una descripción fraccionada así menoscababa la integridad de la persona de Cristo. Por último, los seguidores de Eutiques trataron de mezclar la divinidad y la humanidad, de modo que convertían a Jesús en una rareza, una especie de centauro espiritual. En el año 451, el Concilio de Calcedonia formuló su celebrada definición:

> se ha de reconocer a uno sólo y el mismo Cristo Hijo Señor unigénito en dos naturalezas, sin confusión, sin cambio, sin división, sin separación, en modo alguno borrada la

diferencia de naturalezas por causa de la unión, sino conservando, más bien, cada naturaleza su propiedad y concurriendo en una sola persona y en una sola hipóstasis.

La fórmula calcedoniana, dos naturalezas y una persona, no resolvió por sí sola el problema cristológico; consistía, más bien, en una especificación de lo que la Iglesia sostenía como necesario para que pudiera encontrarse una solución consistente con la experiencia cristiana de Jesús. O'Collins resume la situación pos-calcedoniana con las siguientes palabras:

> Al sintetizar las preocupaciones e intuiciones de las escuelas alejandrina y antioquena, Calcedonia proveyó una conclusión «lógica» a los primeros tres concilios ecuménicos. Contra el arrianismo, Nicea había usado el término *homoousios* para reafirmar que «Cristo es divino». Contra el apolinarismo, Constantinopla afirmó que «Cristo es humano». Contra Nestorio, Éfeso [un concilio celebrado en 431] profesó que las dos naturalezas –humana y divina– de Cristo no están separadas. Contra Eutiques, Calcedonia confesó que, aun perteneciendo a una persona, ambas naturalezas no se funden ni se confunden[12].

De este modo, el campo de juego para un discurso cristológico aceptable fue delimitado por los Padres. Todo debate ortodoxo subsiguiente ha permanecido en un estado que recuerda al de los físicos entre 1900 y 1925. Su experiencia les obligaba a abrazar una descripción de la dualidad onda/partícula de la luz, sin que tuvieran por el momento una teoría física más profunda que explicase cómo podía ser esto. La contraparte cristológica de la teoría cuántica de campos está aún por descubrirse. Quizás las advertencias de la teología apofática indiquen que

12. G. O'Collins, *Christology*, 194.

debe permanecer necesariamente así, al menos en esta vida. Puede haber ocasiones en las que uno simplemente tiene que aceptar la extrañeza de la experiencia, sabiendo que el progreso no llegará mediante un fácil abandono de una parte de esa experiencia.

Vivir con paradojas irresueltas es una situación ciertamente incómoda, pero de ningún modo insólita. Incluso la física cuántica tiene todavía sus cuestiones sin resolver, como, por ejemplo, el problema de la medida. De hecho, Niels Bohr dijo en cierta ocasión que cualquiera que afirme que comprende totalmente la física cuántica demuestra que en realidad no ha comenzado siquiera a apreciarla. Estaba haciéndose eco, sin duda inconscientemente, de una observación similar de William Temple, quien dijo que «si un hombre dice que entiende la relación entre divinidad y humanidad en Cristo, sólo demuestra que no ha entendido nada de lo que significa la encarnación»[13]. En otro momento, Bohr señaló que había dos clases de verdad: verdades triviales, en las que abrazar los opuestos sería obviamente absurdo, y verdades profundas, que se reconocen por el hecho de que lo opuesto es también una profunda verdad. Lo esencial sobre la aparente paradoja, sea científica o teológica, es que se impone sobre nosotros mediante la experiencia y no como resultado de una exuberancia especulativa descontrolada.

En su libro sobre cristología, Donald Baillie apuntó a lo que llamó la «paradoja central» de la vida cristiana. Aludía con ello a dos convicciones que los cristianos sostienen simultáneamente. Por un lado, que somos responsables de nuestras vidas y acciones, y por otro, que «nunca la vida humana es más verdadera y plenamente personal,

13. W. Temple, *Christus Veritas*, London 1924, 139.

nunca un agente se siente más profundamente libre, que en esos momentos en los que puede decir como cristiano que fuera lo que fuese que haya habido de bueno, no ha sido suyo, sino de Dios»[14]. Un pensamiento similar había sido formulado muchos siglos antes por Pablo cuando exhortaba a los cristianos de la iglesia de Filipos a «trabajar por vuestra salvación con temor y temblor, porque es Dios quien activa en vosotros el querer y el obrar para realizar su designio de amor» (Filipenses 2, 12-13). Baillie continúa diciendo que «esta paradoja es un reflejo fragmentario en nuestra vida cristiana de la perfecta unión de Dios y hombre en la encarnación, de la que depende la totalidad de la vida cristiana; en consecuencia, puede ser nuestra mejor pista para comprender esta doctrina»[15].

2. *Indefinición: La nube de no saber*. No se debe pretender una claridad mayor de la que la realidad permite.

a) *La dualidad onda/partícula*. Merece la pena comprender con un poco más de detalle cómo la teoría cuántica de campos reconcilia los aparentes opuestos de los comportamientos de ondas y partículas. Esta convergencia resulta del hecho de que los estados correspondientes a propiedades ondulatorias contienen un número indefinido de partículas. Esta es una propiedad que la física newtoniana no logra explicar, porque en su formulación clara y determinada hay simplemente un número específico de partículas presentes (basta observarlas y contarlas), y eso sería todo. En la teoría cuántica, sin embargo, el principio de superposición permite la adición de posibilidades que la física clásica mantiene estrictamente separadas, de

14. D. M. Baillie, *God Was in Christ: An Essay on Incarnation and Atonement*, New York 1948, 114.
15. *Ibid.*, 117.

modo que un estado puede componerse de una mezcla de diferentes números de partículas, sin que haya un número fijo y definido de partículas presentes. La flexibilidad ontológica del mundo cuántico es descrita en términos de funciones de onda que expresan una potencialidad presente y no una actualidad persistente (lo que incorpora como consecuencia un elemento de indefinición intrínseca a su descripción). De este modo, se disuelve la paradoja de la dualidad onda/partícula.

b) *Dualidad cristológica*. Quizás la teología pueda cobrar ánimos con este ejemplo del pensamiento cuántico. La Iglesia se resistió a la solución fácil de las manifiestas separaciones propuestas por el apolinarismo y el nestorianismo y propuso la formulación calcedoniana, más matizada y menos específicamente articulada. La aceptación de un grado de indefinición misteriosa es una posición que no le resulta del todo ajena al físico cuántico.

3. *Los juguetes del pensamiento*. Estructuras conceptuales simplificadas pueden usarse como ayudas para la exploración de posibles estrategias de pensamiento.

a) *Experimentos mentales*. Los físicos buscan en ocasiones probar nuevos conceptos mediante el ejercicio mental de construir situaciones idealizadas y altamente simplificadas a las que podrían aplicarse. Los más famosos de estos «experimentos mentales» se propusieron durante una serie de encuentros entre Albert Einstein y Niels Bohr en los primeros días de la teoría cuántica moderna. Einstein desconfiaba profundamente del modo en que el pensamiento cuántico se estaba desarrollando, e intentó pensar una serie de procedimientos de medida esquemáticos que deberían, en principio, contradecir el principio de incertidumbre de Heisenberg. Sus propuestas hicieron que Bohr pasara algunas noches en vela, pero al final consiguió mostrar que la aparente violación de este principio era debido a un fallo en la aplicación completa de las restricciones de la incertidumbre. Finalmente, Einstein tuvo que reconocer su derrota, pero este discurso basado en experimentos mentales había servido para lograr una útil clarificación de los principios cuánticos.

b) *Descripciones del ésjaton.* La esperanza cristiana de un destino más allá de la muerte se enmarca en una expectación escatológica según la cual la presente «vieja creación» será transformada por Dios en una «nueva creación», un mundo del que la transitoriedad y la corrupción habrán sido eliminadas para siempre. Y puesto que ese mundo es bastante diferente del que nosotros experimentamos, está más allá del poder del pensamiento humano actual dar una descripción adecuada del mismo. Pero los escritores cristianos, tanto en el Nuevo Testamento (por ejemplo, Apocalipsis 21, 1-4; 22, 1-5) como después, han buscado algún tipo de expresión simbólica para al menos evocar dicha esperanza. El intento, comprendido apropiadamente, no trata de señalar una fecha para el fin de la historia, o un mapa de la geografía celestial, sino ofrecer imágenes de la vida redimida en el mundo venidero –a modo de experimentos mentales teológicos– que logren explorar en un grado modesto el contenido conceptual y la coherencia de la esperanza cristiana[16].

4. *Importante revisión.* Bajo la presión de una nueva experiencia o de una intuición más profunda, convicciones arraigadas durante largo tiempo pueden requerir revisiones radicales.

16. Cf. J. Polkinghorne, *Explorar la realidad. La interrelación de ciencia y religión*, Maliaño 2007, cap. 10.

a) *Determinismo físico e indeterminismo*. Durante dos siglos, la matematización newtoniana del pensamiento físico, expresada en ecuaciones cuyas soluciones estaban únicamente determinadas por la especificación de las condiciones iniciales, había sugerido que el universo funcionaba como un reloj, mediante procesos estrictamente determinados. Sin embargo, la física del siglo XX fue testigo de la muerte de este tipo de visión meramente mecánica del mundo, pues descubrió en la naturaleza impredecibilidades intrínsecas, primero a nivel de fenómenos atómicos (teoría cuántica) y subsiguientemente a nivel de fenómenos cotidianos (teoría del caos).

La impredecibilidad es una propiedad epistemológica que tiene que ver con lo que puede conocerse. Cómo pueda ser interpretado ontológicamente como descripción de lo que realmente sucede es una cuestión para el debate metafísico. ¿Ha de entenderse la impredecibilidad sólo como una desafortunada cuestión de ignorancia ineludible, o es el signo de que la realidad está abierta a factores causales que van más allá del relato científico de intercambio de energías entre constituyentes? Ciertamente, los procesos físicos han demostrado ser algo más sutiles de lo que habían supuesto generaciones anteriores de físicos, lo que hace plausible escoger una opción metafísica para interpretarlos que sea más flexible. Si bien las controversias continúan sobre los detalles del significado metacientífico que debería asignarse a estos descubrimientos del siglo XX sobre la impredecibilidad (por ejemplo, existen interpretaciones tanto deterministas como indeterministas de la teoría cuántica con consecuencias experimentales indistinguibles[17]),

17. Cf. J. Polkinghorne, *Quantum Theory: A very short introduction*, Oxford 2002, 53-55.

la contribución de la ciencia a la formación de ideas sobre la estructura causal de la realidad ha sufrido sin duda una reevaluación radical durante el siglo XX. Se puede tomar absolutamente en serio todo lo que la física nos enseña hoy y aun creer en un mundo abierto a lo nuevo, en el que el futuro no es simplemente una inevitable consecuencia del pasado. Una evaluación cuidadosa de las afirmaciones científicas demuestra que no son inconsistentes con nuestra humana experiencia de la libertad, pues la física no establece un cierre causal del mundo basado sólo en sus propios términos. Ni puede usarse para negar la posibilidad de una actividad providencial de Dios[18].

b) *Dios y tiempo*. La gente critica a veces a la teología por no someter su pensamiento a reevaluación. Aunque es posible que su ritmo de revisión sea más lento que el de la ciencia, sería un grave error pensar que la teología se encuentra petrificada, en un estado de servidumbre inmutable, por los conceptos del pasado. Recientes reevaluaciones sobre cómo concebir la relación de Dios con el tiempo lo demuestran.

La teología clásica, que tiene como representantes en su origen a Boecio y Agustín, en su desarrollo a Tomás de Aquino y en los tiempos de la Reforma a Juan Calvino, describía la naturaleza divina como totalmente atemporal, con un Dios fuera del tiempo, mirando desde arriba, por así decir, sobre toda la historia de la creación, que yace ante su mirada *totum simul*, toda al mismo tiempo. Según esta comprensión, Dios no tiene *pre*sciencia de las acciones de las criaturas libres, sino simplemente conocimiento, pues todos los momentos del tiempo creado serían para él igualmente contemporáneos.

18. Id., *Belief in God in an Age of Science*, New Haven 1998, cap. 3.

Tres consideraciones han conducido a distintos teólogos contemporáneos a proponer una revisión radical de esta idea, buscando un compromiso de la realidad de Dios con la realidad del tiempo, sin negar la realidad complementaria de la eternidad divina. La primera consideración es el descubrimiento científico, aportado por la física actual, de que los procesos pueden ser interpretados como consistentes con la descripción de un mundo abierto a lo nuevo, según hemos visto más arriba. En un universo abierto, la providencia divina, al interactuar con él, puede ser una parte históricamente efectiva de lo que nos conduce al futuro. Si tal es el carácter del mundo, y puesto que Dios conoce las cosas de acuerdo con su verdadera naturaleza, no sólo conoce que los eventos de la creación son sucesivos, sino que los conoce en su sucesión. Al no ser Dios esclavo del tiempo como las criaturas, una teología abierta de este tipo asume una visión dipolar de la divinidad, concibiendo a Dios como temporal y eterno al mismo tiempo.

La segunda consideración, también en la línea de la dipolaridad, apela a la imagen que de Dios dan las Escrituras como alguien profundamente implicado en el despliegue de la historia de Israel y en el episodio temporal de la encarnación, sin dejar de ser el Dios en cuyo amor fiel y eternamente inmutable pueden depender todas las criaturas.

La tercera consideración es una crítica al énfasis excesivo que la teología clásica ha puesto en la trascendencia divina, concibiendo a Dios como totalmente distante de las criaturas. Dicha teología no ha sido capaz de dar cuenta satisfactoriamente de que el Dios cuya naturaleza es amor debe estar también presente inmanentemente en las criaturas que son el objeto de su amor, hasta el punto incluso de comprometerse con el tiempo[19]. Conceptos dipolares de la relación divina con el tiempo y la eternidad son cuestiones de discusión en círculos teológicos contemporáneos, pero el propio vigor de este debate demuestra que el pensamiento religioso no es reticente a asumir los riesgos de la revisión conceptual.

5. *Teorías sobre la Gran Unificación.* Gran parte del pensamiento humano más profundo está inspirado por la búsqueda de una integración en la relacionalidad.

a) *Grand Unified Theory* (GUT, Teoría de la gran unificación). Se podría describir la historia de la física moderna como la búsqueda constante de una mayor generalización y una más profunda unidad en la comprensión conceptual del mundo físico. Esta historia comenzó hace siglos, cuando Galileo, en desacuerdo con lo pensado por Aristóteles, afirmó que los cuerpos celestes estaban hechos de los mismos materiales que los terrestres. La física sublunar es la misma que la física celeste. Esta intuición se confirmó triunfalmente cuando Isaac Newton descubrió la gravitación universal, demostrando que la fuerza que hace caer una manzana es la misma que la que sostiene la luna en su órbita alrededor de la Tierra.

Los siguientes pasos en la unificación tuvieron lugar en el siglo XIX. A primera vista, la electricidad y el magnetismo parecen totalmente diferentes, pero los descubrimientos experimentales de Hans Christian Øersted y Michael Faraday demostraron que existía algún tipo de conexión directa entre las corrientes eléctricas y los campos magnéticos. El carácter de esta conexión fue explicado en 1873 por James Clerk Maxwell en su *Tratado sobre*

19. Cf. J. Polkinghorne, *Explorar la realidad*, cap. 6.

la electricidad y el magnetismo, que presenta una teoría unificada del electromagnetismo, uno de los más brillantes logros en la historia de la física teórica.

El siguiente gran avance llegó de la mano del matrimonio entre la teoría electromagnética y las fuerzas nucleares débiles que son responsables de fenómenos como la desintegración beta, la emisión de electrones por núcleos radioactivos. A primera vista, este emparejamiento parecía también improbable, pues las fuerzas nucleares débiles –como sugiere su nombre– son mucho más débiles que las electromagnéticas, y exhiben propiedades como la quiralidad intrínseca (un tipo de preferencia por configuraciones levógiras) que los fenómenos electromagnéticos no presentan. Sin embargo, a finales de los años 1960, Steven Weinberg y Abdus Salam hallaron, de forma independiente, una teoría unificada electrodébil que aunaba ambos tipos de fuerzas de manera teóricamente consistente y experimentalmente exitosa.

El siguiente paso deseable es, obviamente, una mayor unificación, sumando las fuerzas nucleares fuertes y quizás también la gravedad (que es con mucho la más débil de las cuatro fuerzas básicas de la naturaleza). Hasta el presente, la Teoría de la Gran Unificación ha resultado difícil de lograr y los intentos para descubrirla han sido controvertidos y no totalmente convincentes. El candidato favorito por ahora es la teoría de supercuerdas, pero aceptarla supone creer que sus teóricos, basándose únicamente en consideraciones matemáticas, pueden adivinar cómo funciona la naturaleza con un nivel de detalle diez mil billones de veces superior a lo que nuestros más precisos instrumentos científicos son capaces de discernir. Las lecciones de la historia no animan a lanzarse a una aventura tan atrevida. Por lo regular, la naturaleza esconde un as en la manga que únicamente la presión empírica puede forzarla a revelar.

Sea lo que termine por ser al final, la esperanza que alienta a muchos físicos –entre los que me incluyo– es que alguna forma de Teoría de la Gran Unificación se descubrirá en algún momento. Esta creencia en la unidad fundamental de la física se sostiene en las experiencias del pasado a las que acabamos de pasar revista. También se apoya en la convicción metafísica, muy atractiva para muchos científicos, de la integridad de los procesos cósmicos. Los teólogos pueden sentir que este acto de fe de los físicos es reflejo de una confianza, sin duda muchas veces inconsciente, en que el orden del Universo creado tiene su origen en la voluntad del Dios uno.

b) *Teología trinitaria.* La contraparte en teología cristiana de la Teoría de la Gran Unificación de los físicos es la doctrina de la Trinidad[20]. Los cristianos de los primeros siglos, al reflexionar sobre las experiencias y comprensión de la Iglesia, reconocieron que habían conocido a Dios según tres modos fundamentales. Existía un Padre celestial, Creador del universo y el Uno que había dado la Ley a Moisés en el Sinaí. *Dios sobre nosotros*, podríamos decir. Existía un Hijo encarnado, Jesucristo, que compartió todo con nosotros, redimió a la humanidad y nos dio a conocer la voluntad de Dios en términos llanos y accesibles a través de su vida humana en Palestina. *Dios junto a nosotros*, podríamos decir. Y estaba el Espíritu Santo, esa presencia divina que opera en el corazón humano, concediéndole dones según las necesidades y personalidad de cada uno (1 Corintios 12, 4-31). *Dios dentro de nosotros*, podríamos

20. Sobre la Trinidad, cf. J. Polkinghorne, *Science and the Trinity*, London 2004, cap. 4; también *Explorar la realidad,* cap. 5.

decir. Dios es conocido de tres maneras. Ahora bien, esos primeros cristianos también sabían que debían perseverar en la convicción que habían heredado del judaísmo de que Dios es uno. Sólo hay una voluntad divina y un único propósito divino para el mundo. Este drama divino tiene tres actos –creación, redención y santificación– atribuidos por muchos teólogos respectivamente al Padre, al Hijo y al Espíritu, pero la obra dramática tiene un único Autor. Hacia el siglo IV, las tensiones provocadas por estas diferentes intuiciones condujeron a formular la doctrina trinitaria de que el único Dios verdadero está constituido por el intercambio de amor entre tres Personas divinas.

Es importante subrayar que la fe en la Santa Trinidad está motivada por la experiencia cristiana y que no surgió de una infundada especulación metafísica sobre cuestiones profundamente misteriosas. Lo que la motivó fue tenérselas que ver con lo que los teólogos llaman «Trinidad económica», una argumentación ascendente basada en la experiencia. El adjetivo «económico» deriva de la palabra griega *oikonomía*, que significa «lo que concierne al orden de la casa», en este caso, de la «casa» que es el mundo creado por Dios. La experiencia en la que se apoyaron los Padres de la Iglesia no provenía sólo de los grandes eventos de la creación, la encarnación y el acontecimiento de pentecostés, sino que surgía de la vida litúrgica cotidiana de la Iglesia, que oraba al Padre, a través del Hijo, en el poder del Espíritu, y cuya aclamación característica de alabanza era –y es– «Gloria al Padre, al Hijo y al Espíritu Santo».

Esta aproximación ascendente al misterio del ser divino está basada en el realismo teológico, es decir, en la convicción de que los encuentros de Israel y la Iglesia con la sagrada realidad de Dios son dignos de confianza. Tal confianza fue epigramáticamente expresada por el teólogo católico del siglo XX Karl Rahner, cuando dijo que la Trinidad económica (Dios experimentado) era la Trinidad inmanente (Dios en el misterio de su divina esencia). Al igual que en cristología, también en la teología trinitaria la aproximación ascendente conduce inevitablemente a intentos de completar el discurso mediante un análisis conceptual descendente.

Dos restricciones han mantenido el pensamiento conceptual ortodoxo sobre la Trinidad dentro de unos límites. El primero es el rechazo de una herejía llamada «modalismo». Según ella, el Padre, el Hijo y el Espíritu son simplemente etiquetas para distintas perspectivas sobre Dios, medios para referirse a diferentes modos de encuentro con un único ser divino. La Iglesia entendió que el modalismo no reconocía suficientemente las distinciones entre las Personas como dimensión esencial de la Revelación. Resultaba fundamental el relato del bautismo de Jesús (Marcos 1, 9-11 y paralelos), en el que la voz celestial del Padre confirma la vocación del Hijo, sobre el cual desciende el Espíritu Santo en forma de paloma. La distinción de papeles entre los participantes en este evento implica que las Personas no son sólo modos distintos de mirar a un Dios indiferenciado. La verdadera relacionalidad requiere verdadera diferenciación: el Padre no puede ser Padre sin el Hijo, ni el Hijo ser Hijo sin el Padre.

El otro límite, que se encuentra en el extremo opuesto al modalismo, es el triteísmo, la descripción de la Trinidad como tres dioses separados. Esta propuesta, demasiado laxa y desintegrada, niega la unidad divina que es esencial al credo cristiano.

Obviamente, la tarea de encontrar una vía media entre estos dos extremos inaceptables no fue fácil.

Intentos de vérselas con el problema condujeron al desarrollo de un lenguaje teológico altamente especializado y sutil, particularmente entre los Padres griegos, quienes consideraban que sus recursos lingüísticos eran superiores a los de sus hermanos latinos. Es importante reconocer que ninguna de las dos tradiciones concebía el concepto de «persona» en términos de la moderna idea de un individuo autónomo. La fórmula «Tres personas y un solo Dios» no propone el triteísmo, como podría pensar el lector de hoy. Se sostiene que las personas divinas se interpenetran en un mutuo intercambio de amor (una idea teológica llamada «pericóresis»), algo que no es aplicable a tres seres humanos distintos. La superior sutileza de la lengua griega utilizada por los Padres puede apreciarse en la expresión «tres *hipóstasis* y una *ousía*», que ellos formularon. *Hipóstasis* y *ousía* habían sido considerados como sinónimos en griego hasta mediados del siglo IV. Sólo después se precisaron sus diferencias, que no son fáciles de traducir al latín o a las lenguas modernas. La frase puede verterse al español como «tres sustancias y una sustancia». Pero, por otro lado, los Padres pusieron quizás una excesiva confianza en estas delicadas distinciones semánticas. Esto podría haber sido el caso de la distinción entre el Hijo y el Espíritu, que hacen depender de la elusiva diferencia entre «ser engendrado» y «proceder», como expresiones de sus respectivas relaciones con el Padre. Quizás la analogía más próxima en física a este tipo de confianza desmedida en construcciones conceptuales sutiles y sofisticadas sea el edificio en once dimensiones de la teoría M, tan sólo parcialmente articulado, y que es una conjetura fundamental de la teoría de cuerdas. Considerado todo en su conjunto, es preciso reconocer que, una vez más, la teología ha demostrado ser menos exitosa que la ciencia a la hora de alcanzar una comprensión teórica completamente articulada, un veredicto que no resultará demasiado sorprendente dada la Realidad misteriosa e infinita sobre la que los teólogos se esfuerzan en hablar.

La teología trinitaria tiene que mantener su afirmación del carácter trino del Dios uno y verdadero, aunque no pueda articular plenamente una explicación de cómo es esto posible. Una vez más, la amenaza de la paradoja no puede resolverse con la simple negación de la experiencia motivante. Al sostener una comprensión trinitaria de Dios, los teólogos pueden consolarse con el apoyo que esta creencia recibe de consideraciones colaterales. Un influyente libro contemporáneo sobre pensamiento trinitario se titula *El Ser como comunión*[21]. Podría parafrasearse este título como «la Realidad es relacional», una intuición que ciertamente converge con el creciente reconocimiento científico del carácter relacional del universo físico. El viejo atomismo que describía partículas aisladas moviéndose por el espacio vacío ha sido reemplazado hace más de un siglo con la descripción integrada que hace la Relatividad general del espacio, el tiempo y la materia, todos ellos en relación. La teoría cuántica ha descubierto que partículas subatómicas, una vez que han interactuado entre sí (el así llamado efecto EPR), quedan «entrelazadas» y permanecen efectivamente como un único sistema, por mucho que estas partículas se separen espacialmente después. Esta contraintuitiva unidad-en-separación ha sido confirmada abundantemente por los experimentos como una propiedad de la naturaleza[22]. El mundo descrito por la

21. J. Zizioulas, *Being as Communion. Studies in Personhood and the Church* (1985); versión cast.: *El ser eclesial. Persona, comunión, Iglesia*, Salamanca 2003.

22. Cf. J. Polkinghorne, *Quantum Theory*, cap. 5.

física parece converger cada vez más con la imagen de un mundo creado por el Dios trinitario, el Uno cuya realidad más profunda es relacional[23].

Finalmente, la descripción de las tres Personas, eternamente unidas en un mutuo intercambio de amor (el proceso divino de la pericóresis) permite lograr una profunda intuición de qué significa la convicción fundacional cristiana de que «Dios es amor» (1 Juan 4, 8). El renacido interés por el pensamiento trinitario en los últimos años está justamente inspirado por consideraciones como estas. Creo que la verdadera «Teoría del todo» (*Theory of Everything*) no son las supercuerdas, como algunos físicos se han precipitado en declarar triunfalistamente, sino que es, en realidad, la Teología trinitaria.

23. Id., *Science and the Trinity*, cap. 3.

5
PRIMAS HERMANAS

Nuestra disección de las estrategias de búsqueda de la verdad usadas por la ciencia y la teología ha revelado similitudes significativas subyacentes entre estas dos formas en apariencia tan distintas de investigación racional. En biología sucede algo muy parecido cuando los anatomistas descubren homologías entre formas de vida animal distintas. Entonces, suelen apelar a una de las dos explicaciones posibles para dar razón de lo que han descubierto.

El pensamiento darwiniano ortodoxo atribuye las similitudes a un origen común en el pasado, un ancestro primitivo del que las dos especies actuales descienden. Sin duda, esto es frecuentemente lo que ha sucedido, pero en los últimos tiempos hay un interés creciente entre los biólogos teóricos y paleontólogos en una segunda forma de explicación. Esta sugiere que cuando la organización de las entidades biológicas crece en complejidad, ciertas formas emergen con preferencia sobre otras. Una razón para esto puede residir en las propiedades intrínsecas de la autoorganización de sistemas complejos. Esta idea ha sido desarrollada particularmente por Stuart Kauffman[1]. Una segunda razón puede ser que el «universo de posibilidades» exploradas por los procesos evolutivos sea más restringido que

1. S. Kauffman, *The Origins of Order*, Oxford 1993; también *At Home in the Universe*, Oxford 1995.

lo que normalmente se piensa. Es muy posible que sólo exista un número limitado de estructuras básicas que sean al mismo tiempo ventajosas evolutivamente y estén disponibles biológicamente. La historia de la vida en nuestro planeta ofrece apoyos a esta idea. Sabemos que los ojos se han desarrollado varias veces de manera independiente en la historia, en modos que manifiestan homologías en su estructura básica (por ejemplo, todos los ojos usan proteínas similares, como la rodopsina y las cristalinas; los cefalópodos tienen ojos con estructura de cámara oscura como los mamíferos). Esto podría apoyar la idea de que las posibilidades biológicas son limitadas, forzando la repetición independiente de estrategias exitosas. Simon Conway Morris ha escrito extensamente sobre estas convergencias de los procesos biológicos, en las que las soluciones del mismo tipo a problemas similares se repiten frecuentemente, sugiriendo incluso que si la vida existe en algún otro lugar del universo, probablemente sea más similar a la de los seres vivos de la Tierra de lo que muchos han podido suponer[2]. Bajo la aparente diversidad de la vida, podría existir una profunda subestructura de principios universales que dan forma a las posibilidades fructíferas.

¿Se podría explicar la relación de parentesco entre los procedimientos racionales de la ciencia y la teología de modo análogo a estas consideraciones biológicas? Supongo que la apelación a un ancestro común podría corresponder a la tesis, a menudo propuesta[3], de que las ciencias modernas deben su origen a la religión, puesto que esta

2. S. Conway Morris, *The Crucible of Creation*, Oxford 1998; así como *Life's Solution*, Cambridge 2003.

3. R. Jooykaas, *Religion and the Rise of Modern Science*, Edinburgh 1973; S. Jaki, *The Road of Science and the Ways to God*, Edinburgh 1978; C. A. Russell, *Cross-Currents*, Lisle 1985.

proveyó históricamente la matriz intelectual que dio a luz a la primera. El argumento que apoya esta afirmación es como sigue: la doctrina de la creación como la que profesan las religiones abrahámicas es tal que sostiene la expectativa de un orden profundo en el mundo, expresión de la Mente y Propósito del Creador. También afirma que el carácter de este orden ha sido elegido libremente por Dios, y que no está determinado de antemano por una estructura preexistente (como suponía, por ejemplo, el pensamiento platónico). En consecuencia, la naturaleza del orden cósmico no puede ser descubierta sólo mediante el pensamiento, como si los humanos pudiéramos explorar el reino noético de los límites racionales a los cuales el Creador tuvo que someterse. El plan del mundo ha de ser discernido a través de observaciones y experimentos que son necesarios para determinar las formas que tomó la decisión divina. Así pues, lo que se necesita para que la ciencia pueda tener éxito es la unión de la expresión matemática del orden con la investigación empírica de las propiedades reales de la naturaleza, una síntesis metodológica en la que fue pionero Galileo. Precisamente esta combinación de teoría y experimento fue la que puso en marcha la ciencia moderna en el siglo XVII, sostenida (como se ha sugerido) por una ideología derivada de la visión del universo como una creación de Dios, libre pero ordenada. Además, puesto que el mundo es creación de Dios, su estudio diligente es una obligación para los creyentes. En apoyo de esta tesis de la benigna influencia de la religión en el nacimiento de la ciencia, se puede aportar el hecho de que los pioneros de la revolución científica fueron en su mayor parte personas con fuertes convicciones religiosas, a pesar de tener problemas con las autoridades (Galileo) o con la ortodoxia cristiana (Newton). A estos primeros científicos les gustaba decir que Dios había escrito dos libros, el Libro de las Escrituras y el Libro de la Naturaleza. Ambos debían ser leídos, y cuando esto se hacía correctamente, no podía haber contradicciones entre ellos, puesto que tenían un mismo Autor. Asimismo, les hubiera parecido muy extraña la afirmación de que existía un conflicto entre ciencia y religión, y más aún de que debían tomar partido por una de las dos. Retomando el tema, en esta visión, el «ancestro primitivo» de la ciencia moderna y de la teología moderna sería la *scientia* medieval, entendida como conocimiento del mundo según intuiciones cristianas.

La divergencia de los caminos seguidos por estas dos formas de investigación de la realidad comenzó a mediados del siglo XVIII, cuando algunos científicos, deslumbrados por el aparente éxito de la física newtoniana, empezaron a proclamar con triunfalismo que el método científico era suficiente para producir por sí sólo todo lo que *merecía* ser conocido e incluso *podía* ser conocido. Muchos científicos dejaron de interactuar con las autoridades eclesiales en el modo en que lo había hecho Galileo, pues estaban convencidos de que las intuiciones de la teología carecían de relevancia para la búsqueda de la verdad. No obstante, no todos los científicos abandonaron las creencias religiosas. Por ejemplo, Michael Faraday, James Clerk Maxwell y Lord Kelvin, tres de las figuras más extraordinarias de la física del siglo XIX, fueron devotos cristianos.

El segundo tipo de explicación para las homologías biológicas apela a la noción de formas profundas subyacentes, cuyas estructuras universales posibilitan y dan forma a las vías de un desarrollo fructífero. La contraparte teológica de esta idea podría ser la doctrina del *Logos*, la Palabra divina que es la fuente fundamental del orden racional de la Creación. El evangelio de Juan identifica la Palabra «por quien todo fue hecho» (1, 3) con el Cristo encarnado (1, 14). La Carta a los colosenses, con asombroso atrevimiento, identifica a Cristo como aquel por quien «fueron creadas todas las cosas celestes y terrestres», y afirma que «todo se mantiene en él» (1, 16-17). La doctrina del *Logos* también habla de la Palabra como «luz verdadera que alumbra a todo hombre» (Juan 1, 9), una intuición que puede aducirse como el aval teológico del «realismo crítico».

Estas afirmaciones implican que el parentesco que existe entre diferentes formas de búsqueda de la verdad deriva, en último término, del hecho de que el universo fue creado como un verdadero *cosmos*. Habitamos un mundo integrado, cuya profunda inteligibilidad y consistencia es una manifestación de que todo fue creado por la palabra divina (cf. Génesis 1: «Y dijo Dios: 'Exista…'»). Esto a su vez implica que los creyentes que buscan servir al Dios de la verdad deben estar dispuestos a acoger toda verdad, proceda de la fuente que proceda, sin miedo ni reserva. Incluidas, por supuesto, las verdades de la ciencia. En el caso de los científicos, la misma intuición implica que si quieren continuar su búsqueda de la verdad hasta el final, deben estar dispuestos a ir más allá de los límites de la ciencia. Pienso que esta otra búsqueda, si se prosigue con apertura, llevará al investigador en la dirección de la fe religiosa. Porque no es otra que la búsqueda del *Logos*. En consecuencia, creo que ciencia y religión son como primas hermanas y las relaciones de parentesco que hemos investigado en este libro hallarán su más profunda integración en términos de una verdadera Teoría del todo: la Teología trinitaria.

ÍNDICE DE AUTORES